▲ 北极圈里的溜冰课

◀ 大女儿学校的运动会

工艺课中正在踩缝纫机的小男生 ▶

◀ 30人迷你学校的体育馆和
　混龄体育课教学

土库市小学正在教导 ▶
零年级生的老师

◀ 土库市高中的化学课堂

物理课：正在做 ▶
动力实验的中学生

▲ 小学六年级的音乐课

▲ 赫尔辛基小学四年级学生会受邀参加国庆节的市长舞会，这是体育课上学习各式舞蹈与成人礼仪

大女儿的音乐课讲义，介绍古典音乐及交响乐团配置
▼

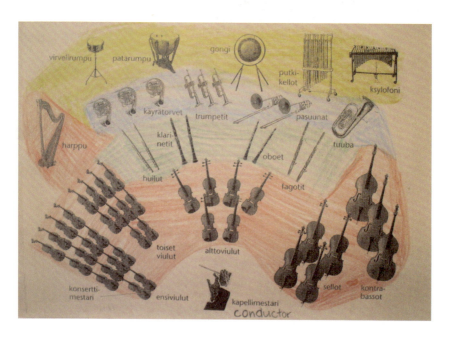

俄、芬双语学校的英文课

工艺课：老师正在教 ▶
孩子们编织

▶ 中学工艺课中的木工课

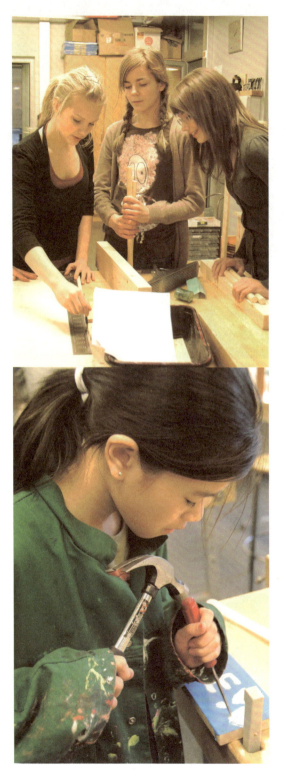

◀ 小女儿的工艺课

基提莱镇上的莱维职业学校

家庭经济课上的中学生练习炒菜 ▶

建筑比稿首奖的罗亚市立图书馆
查阅区一角

◀ 土库市立图书馆

▲ 拉彭兰塔市深冬大雪之夜正要出发的流动图书馆

▲ 芬兰教育展的OTAVA出版社中学教科书区一景

▲ 罗亚市人口36000人，图为市内图书馆里的流行与摇滚乐DVD区

阳光海湾学校的外观一景
▼

◀ 建筑比稿首奖的阳光海湾学校挑高空间设计

残障学生在家庭经济课 ▶
做姜饼，个人助教正在
旁协助

◀ 阳光海湾学校专为残障生
所设计建构的三温暖浴间

◀ 阳光海湾学校专为残障生
所设计建构的浴缸

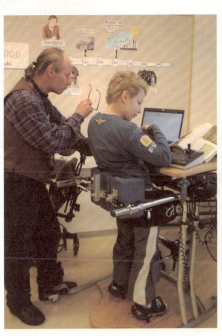

▲ 拉普兰首府中学的残障学生
与个人助教

▲ 拉彭兰塔中学的移民芬兰语课，
右侧是学生的个别翻译助教

巧遇正在拉彭兰塔中学展示的新版教科书

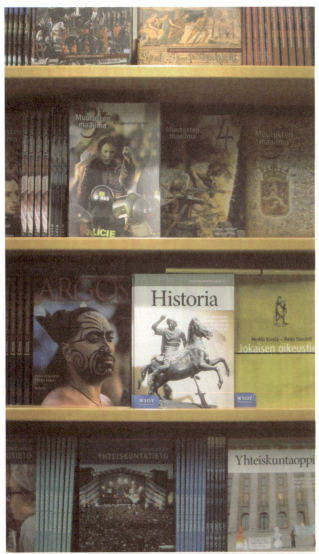

WSOY出版社精美的高中 ▶
历史、地理教科书系

恩侬戴奇欧小镇的图书馆 ▶
儿童区一角

▲ 大女儿学校每年三月的滑雪日

◀ 每年芬兰高中毕业生欢喜
庆祝的五月一日Vappu节

树林区漫步活动的芬兰小学生 ▶

芬兰东部中学的移民学生
与小班制辅导教学

英文课两人分组对谈练习

罗亚市郊15人的迷你小学

拉普兰地区的图书馆标示是以萨米文和芬兰文双语并行

基提莱小学校长为孩子们订购的课外读物

北极圈里基提莱镇上功能完善的图书馆

▲ 芬兰学校到处可见的学生习作海报：认识世界与欧洲

土库市流动图书馆的路线分布图
▼

小学三年级《环境与自然》课本上的世界地理
▼

◀ 搭乘由当地政府提供的出租车
上下学的孩子

◀ 正在享用由政府提供的
温热午餐的芬兰学生

芬兰教育
全球第一的秘密

揭秘芬兰基础教育成功第一读本 　　　　　陈之华 著

中国青年出版社

图书在版编目（CIP）数据

芬兰教育全球第一的秘密：揭秘芬兰基础教育成功第一读本：钻石版 / 陈之华著.
—4版. —北京：中国青年出版社，2020.6
ISBN 978-7-5153-5992-2

Ⅰ.①芬… Ⅱ.①陈… Ⅲ.①基础教育－研究－芬兰 Ⅳ.①G639.531

中国版本图书馆CIP数据核字（2020）第042748号

芬兰教育全球第一的秘密：
揭秘芬兰基础教育成功第一读本：钻石版

作　　者：陈之华
责任编辑：周　红
美术编辑：杜雨萃
出　　版：中国青年出版社
发　　行：北京中青文文化传媒有限公司
电　　话：010-65511272 / 65516873
公司网址：www.cyb.com.cn
购书网址：zqwts.tmall.com
印　　刷：大厂回族自治县益利印刷有限公司
版　　次：2009年5月第1版
　　　　　2020年6月第4版
印　　次：2025年1月第34次印刷
开　　本：787mm×1092mm　1/16
字　　数：230千字
印　　张：21.5（20+24页彩插）
京权图字：01-2009-0480
书　　号：ISBN 978-7-5153-5992-2
定　　价：59.00元

这就是芬兰，一个除了跃升全球经济竞争力之冠外，再一次让世界惊叹的"教育奇迹"！

作者长年旅居芬兰，身为两个孩子的家长，经由孩子的求学过程及亲身体验，实地探访芬兰学校、参与教学研习、回溯其历史及教育改革之路，收获颇多……全书没有深奥的教育论述，没有教条式的文字，有的是发自内心的认同、感动及震撼！这本书不仅对芬兰教育作了透彻剖析，也提供给忧心孩子未来的父母一个释放压力的出口！

现代父母是焦虑的，担心孩子学得不够多，担心孩子跟不上成长曲线，更担心孩子输在起跑点、输掉人生……人生究竟该是一次马拉松长跑，还是一场只在乎赢在起跑线的百米冲刺？芬兰教育一心想的，是尽力帮助每个孩子找到自己人生最适当的位置，让行行都能出状元。而且她做到了。

当我们还在为"国际化"或"本土化"论战不已，当我们还在为"一纲多本"或"一纲一本"争论不休时，同样身处在瞬息万变的全球化浪潮下、列强环伺的小国——芬兰，选择坚持扎实推进的基础教育改革，坚持以"以人为本、不求躁进、不囿于形式、不以成败论英雄"的教育本质夯实国力、耀眼国际！

这里呈现给我们一幅完整的芬兰教育剪影，一套更加开放多元的教育思维！

Contents　目录

Chapter 3　芬兰的基础教育　/ 111

Chapter 4　走访各地的感动 / 191

Chapter 5　**教育的未来**　/ 273

自序

人生是场马拉松 Preface

芬兰，对我而言，是一本写不完的书。

她开启了我内心世界中，一扇又一扇的生命视角，让我学会了对自我探索的坚持与反刍，让我看到了人生的不同意义与价值，更让我真正去领略一帧帧不同的社会、人文、教育、艺术、创作价值观，以及生命历程里的得与失。

1993年，我和新婚不久的先生，到了非洲西部大国的一座超迷你小城，自此之后的二十多年跨国搬迁，就像是忘了踩紧刹车的北极哈士奇犬雪橇，被一群活蹦乱跳的极地犬，拉着不停向前奔驰，拖往不同的文化与国度。我的视野、心灵触角与思维层面，也在不同的人文、国度、社会游移之中，渐次开阔。

我的两个女儿都是我身怀六甲之际，漂洋过海，环绕了地球一大圈之后孕育出生的。这些年来，女儿一路跟我们从非洲到美国夏威夷，再回到台北，之后再到北欧；从美国的托儿所、台北的学前教育与小学一年级、芬兰的英式国际幼儿园、美式赫尔辛基国际学校，再到后来她们两位一起经历了近四年的芬兰教育体系。

我因为两个孩子与搬迁生活，在因缘际会下开启了自己对于不同文化、社会与教育的反思与心灵视野。

住在北国六年期间，我不断地四处走访、对谈，原本期待的是一个全球推崇的巨人身影，却发现芬兰不过是众多平凡民族之一，她的子民和你我一样，都会出现大小不同的错误。但她们却能平实恳切地从错误中学习不断修改与更正，再想尽办法稳妥地走好下一步。

她的教育方针历经多次转型，教改、论辩是常态，但教育模式是从严格管控到自由开放，从百般规定到充分授权与信任：对老师和学生都一样。

过往的芬兰教育，老师是权威，学生最好沉默是金；老师说，学生听。

过往的芬兰英文课，曾经是大家跟着老师念：This is a book. That is ……

过往的芬兰教育，是10岁分流，学生小学还没毕业，就要决定是继续念书，还是走向职训。但今天，却扎实地将所有孩子都纳入基础教育体制里。

芬兰的教改，不是一帆风顺，也并非一蹴可就地达到今天举世艳羡的高水平成就。但这个国家，有很强健、深厚、具公信力的研发机制，提供了很多实在、确切的统计与分析，让师长和其他教育人员从中不断去检视、了解、讨论，再凭借着他们总是"先有计划再做事"的民族性格，以及不贪求快也不急着立竿见影的安稳心态，一步步踏实执行出来。

最重要的是她们的信念中，多了一份实事求是，以及重视真正的"平等"：城乡无差距的教育资源平等；绝不强调"精英"的受教育权利平等。这个"苦寒"的北极圈小国所做到的"众生平等"，让我多次在走访之中动容落泪……

北欧的孩子，和你我的小孩相同，毫无差异地拥有所有人性中的各个方面；而所有从儿童到青少年的青涩成长历程，也都一样。

唯一存在差别的是，整个社会和教育体制对于人的关怀、对于人的信任、对于人的尊重，以及对于人生到底是不是一场要赢在起跑线的竞赛的想法，以更健康、更人文的深度，去厘定教育的理念和方法。

教育"概念"的不同，造就出不同社会与文化的真正区别。

当然，芬兰人对于自己的社会与教育，也多有抱怨与批判。所有的争议，总是希望能找出未来更好的道路，稳健迈向美好的未来。

我知道，教育是进行时，所有的数据与统计都会随时代的演进而不断更新，所有的细微之处，也总会随时间的流逝而不断修正。但这一项进行时就如同个人的生命一样，必须在变与不变之中，找到最重要、最值得珍视的精神与价值；而唯有回归根本，才能检验价值与精神的可贵之处。

芬兰的教育成就，就是把所有的"根本"与"偶然"，一步一个脚印落实之后，所产生的种种"必然"。

芬兰教育体制真心把每个别人家的孩子，都珍视为自己的宝贝，去扶助抚育、用心灌溉，给予时间、空间，找到人性中善良的一面，协助鼓励养成学习动力，从不刻意强调精英、先进、竞争、比较，从不要求学生和老师具备超人能耐，从不奖励全勤与整齐划一，而将人人视为有着喜怒哀乐的平凡人性，然后从人性的根本上，去寻思如何陪伴他们健康、正常地走完成长中的教育。如此而已。

这本书涵盖的内容，以7至16岁间学生的芬兰基础教育为主。毕竟，一切教育的基础，与社会观念的建立，来自人们小时候习惯与思维的养成、塑造。基础教育绝对是个关键。

写作过程中，我不断提醒自己不能只以赫尔辛基看芬兰，也不能只以自己两个孩子在芬兰的受教、成长经验来谈，而是描述芬兰各地给我的多元感受与真实体会。

借着在真正走到、听到、看到、谈到之时，真挚触动了自己内在的心灵，才将记述、观察与观点写下。

　　期盼借由这本书，与您一起分享这些年来我对于芬兰教育的现场观察。

　　希望透过我与芬兰教育的对谈，来与您对话。

　　我相信，你我必然能激起不同角度思考的火花。而每个四处迸射的火花与思辩，都会是一种对你我人生、对身处社会、对教育本质的新认识与新希望。

　　谢谢您鉴阅这本书。

大雪纷飞下的赫尔辛基白教堂

Chapter

初到芬兰的新生活

1

芬兰？Oh，my God！

2002年秋日午后，家里书桌上散落着儿童英语教案和一叠翻译稿，电话突然响起，话筒那一端是先生的特急报。

"老婆，我们要调动了！"

我深呼一口气惊讶地问："啊，真的吗？那，那，去哪儿？"

"嗯，是去芬兰……"老公吞吞吐吐的。

"芬兰？"我头脑顿时空白，心底高喊："Oh，my God！"

当命运不是掌握在自己手中时，难免会有总总的疑问与惊悸。

手里翻起我的世界地图，仔细看着芬兰在欧洲的地理位置和接壤国家。这是我有生以来第一回如此专注凝视斯堪的纳维亚半岛和周边区块，一时间，我的世界中心移了位。我，有点怅然若失。

"那你怎么说？"还是问了老公。

"我当然说可以啊，不然，我还能说什么？"

刹那间想起，立刻从电话本中找出曾经住过芬兰的朋友。

"颖啊，我们要去芬兰耶！这芬兰，怎么样呢？"

颖说："很好啊，芬兰很好。"这时听到耀插话："真的不错！"这夫妻俩轮番开讲。

我问："可是，很多人都说芬兰不怎样……"

"谁说不怎样的？要不然，我哪会平平安安待上六年？"

我有点心虚地回复："当然好。可是，听说天寒地冻的。"

电话那一头传来笑声，颖和耀开始谈起他们的芬兰生活经和抗寒耐冻的心理建设。

在亚热带长大的我，又曾经住过非洲、夏威夷这些热带地方多年，一听到那个"苦寒"之地，虽没有即刻感到一身鸡皮疙瘩，却总还是要为自己和家人打打气。

拨个电话回娘家……

"爸、妈，我们调去芬兰。嗯，就是北欧，只是她的各方面条件，论纬度、论在别人心中的印象、论许多现实工作环境和待遇等等，大概都比不上瑞典！"

"哪里都好，只要孩子有学校可以衔接，教育能不落后就行了。"爸妈发自内心地说道。

的确，这也是我们一直以来最卑微的愿望，就是期盼自己、同事、好友的家庭，都能在孩子学龄期间，调动到一个差强人意的环境时，除了工作、生活能适应外，还有合适的学校让孩子们顺利衔接课业。这在他人看来事不关己，或微不足道的心愿，反而是我们许多家庭准备迎向搬迁挑战时，最需要天天祈祷、烦心忧愁的天大事。

毕竟，任何一次举家迁动，看似船过水无痕，却深远地影响到每一个家庭和孩子的未来与成长。我赶紧和公婆联系，他们知晓了我们的人生新驿站，总算可以放下心中的担忧。同样的，只要孙女们有学校可读，老人家的期许和做父母的我们，如出一辙。

一向开明的公公，并没有对我们即将远赴天涯海角与冰雪之国而忧虑，反而开心地说："很好，芬兰是音乐家西贝流士的故乡。"

西贝流士？公公毕生研究西洋音乐欣赏、音乐史和音乐美学，他在第一时间点醒了我，古典音乐三位民族乐派大师之一西贝流士（Jean Sibelius）和人们耳熟能详的《芬兰颂》，就是来自芬兰。

"芬兰的音乐教育非常成功。"他紧接着以专业的口吻说道。

2002年秋天，当我正开始了解芬兰时，公公是身边少数几位对芬兰人文、艺术有深入、正面评价的。对我们说来，这真是一剂强心针。

先生的大哥对芬兰的了解切入点不同，学电机和通讯的他，从加州理工学院打电话来说："芬兰！Nokia的故乡！"接着他和先生谈了好一阵子电话和手机发展史，更说芬兰电子通讯和信息科技都是世界顶尖。

芬兰另一个最有话题性的，应该是国家竞争力了。不过，"竞争力"在当时似乎距离大众很遥远，一时三刻，除了对经济和全球化有研究的人，大家对芬兰的感觉不只模糊，还会自动进行地理位置的乾坤大挪移！

"你们要去斯德哥尔摩啊！好地方！"很多朋友对我们竖起大拇指。

"不是啦！是，赫——尔——辛——基——"我们面有难色轻声提醒着。

"喔，瑞典嘛，我说，斯德哥尔摩很好啊！"他们恍然大悟地笑着说。

"啥？你们说什么？是……赫——尔——……"

"瑞典，好地方，好地方！恭喜啊！恭喜！"

不为人知的芬兰

隔几天，先生有位同事打电话来。

提到，你们去那个丹麦，如何，又如何……

"不是丹麦啦，是，芬——兰——"我们很客气地提醒。

"哦，芬兰，嗯，是那个跟俄罗斯很像的国家吗？"

我和先生交换了眼神，苦笑起来。几周后，来到自己曾经工作过的公司，碰到一位在大学教书的朋友，苦口婆心地劝说："你去芬兰要做什么？"

我愣了一下，被问傻了。

"你啊，要去，也应该去瑞典才是！瑞典有工业、有Volvo、有IKEA、有飞机制造、有最好的社会福利制度……啊！请问，你说那个叫什么兰的，她有什么呢？"

"我，我"，我一下子吞吞吐吐起来，说起话来不再自信，好像他那么"懂"北欧，我当下真是心虚得很。

"芬兰，芬兰有湖泊，是千湖之国，有森林，是圣诞老人的故乡。当然，最重要的，她还有Nokia啊！"

"Nokia，是芬兰的吗？"这位在高等学府授业解惑的师长，就在2002

年的秋冬之际，问出了许多人的心里话。

"你确定？不是日本的吗？No-Ki-A耶？"

"真的，Nokia是芬兰的啦……"

他一脸狐疑，不再说什么。

唉，我还能跟你们辩论什么呢？

回到家跟先生兴师问罪："老公，你怎么总是去边远地区啊？！"我绕着地球仪猛看还有哪一些"偏远"国家……

"老公，你看，北半球这里，以后有希望去哦。老公，那里，南半球底下被踢出来的一块，都有可能耶！"他的视野开始茫然……

"老公，你是油麻菜籽命，我看你五十岁以前都是'戍守边疆'吧！苏武牧羊的西非洲我们已经待过了，南太平洋的美国'澎湖'我们也去过了，那这次再镇守边陲到欧洲北极边上的芬兰。喂，这里是你们全世界纬度最高的据点耶！"

我话没说完，他直催我一道出门去买雪衣……

几年后，在赫尔辛基家里整理档案，赫然看见当年离开台北前，曾经写下的介绍芬兰的两页文字。

"天啊，我写了啥啊？"

写她高度的国家竞争力、发达的资讯通信产业、十八万个湖泊的"千湖国"、森林是她的资产、不错的社会福利制度、良好的教育政策、出众的音乐表现……

嗯？当时，随手读读写写，也能掰出两页？这潜藏的心理因素，是一种要为芬兰抱不平的义愤。

但我却问自己，怎么当初这么想多懂一点芬兰，但真正在芬兰住了下来，却一直未能再下笔去多写一些观察和体会？四处走访、酝酿许久，觉得还有许多不了解的心虚，所以凡事百般求证、多找实例，不要写坏、写拧了，造成大家对芬兰的错误认识。越想心越慌，竟随手将手札扔进抽屉，瞧都不敢再多瞧一眼！而且，那文字好生硬，只有分条列出的事实、标题。有数据，但没情感；有说明，但没生命。

"来了芬兰五六年，到底是越看越模糊，还是越见越透彻呢？"

"到底是旁观者真的那么清，还是很多事物与看法，不再只有黑与白这么简单？三言两语、四段五篇，几个PowerPoint简报就能说完弄懂的，需要再深入地以真实经验找出更多佐证吗？"

这声音，不停地在心底回荡着。

想想自己不是用纯学术眼光看芬兰，而是人在芬兰，自然而然一家人就浸染在这国家的社会、人文、教育、艺术、旅游等最真实、最人性不过的情境里。

好多事，看起来必须身在其中，才能知其所以然。一个地方待得久，就比较能够以她的文化和当地人的心态，看到其社会的深层面。但，有时一个地方待久了，却也可能反而失去从外人角度看事情的敏感度。我身为异乡人，希望能从文化差别的角度和心境，对芬兰的里里外外，探究更深一点。

这么一想，心里释然多了。

或许，当我还没真正踏上北国，随手写下的，是一种有距离的雾里看花。就宛如一对恋人的初识，总有着或多或少不太实际的迷幻。

旅居几年之后的心境，宛若是现实夫妻，柴米油盐本为最真实不过。难怪恋爱与婚姻有着差异，现实与幻想总有着距离的美感，不到真的年复一年地去生活和体会，总难以经历"看山是山，看水是水"的心路转折。

初到芬兰

出发了，一家四口的大小行囊，真是可观！

这种举家拔起，再到新地方去生根的国内外搬迁，这些年来我已经做过无数回了；说熟悉嘛，是懂得一些方法，但环境变迁与异乡文化的适应，总要点"鼓起余勇"的自我激励。

当时，我们家两位姑娘，一位七岁，一位不满五岁。

"妈咪，我们要飞多久才会到圣诞老人的家啊？"女儿们心急着问。

"蛮远的喔！得坐上十多个小时才会到……"一路飞到芬兰，我们行经欧洲其他地方转了两趟飞机。

如果直接杀到芬兰，起码得坐一整天飞机，再加上转机的疲累和气候落差，真不知要耗费多少体力。最后决定，先在英国转机待个几天。

2003年1月，我们全家从气温七八度的英国伦敦，飞到了北纬60度的芬兰首都赫尔辛基。当时才下午四点，机窗外已是漆黑一片。班机落地时，透过机窗只见大雪纷飞，不远处依稀朦胧的黄褐色跑道光影，映照满地积雪的停机坪。狂风吹赶着大雪，以近乎45度斜角直接洒上机窗，看着看着，心里一沉，虽然一方面很雀跃能来到这个全球纬度仅次于冰岛首都雷克雅未克的芬兰首都，但心中的忐忑、迷茫，一时却也难以言喻。

全家拿齐一堆行李，走出不算大却整洁清爽的机场大厅，立刻感受到这个地球北端的城市，显然与伦敦有着极不相同的冬天！直扑面庞而来的飞扬白雪，加上摄氏零下十几

黑夜飞雪的极圈小机场，很像当初一月深冬抵达芬兰的景致

度的"超"低温，使得才刚从气温零上的伦敦飞来的我们，已经接受到第一场文化震撼，不对，应该称是"气候震撼"！

仰头望着黑蒙蒙的天，再埋头推着车，挣扎而过满地银白的皑皑白雪，心中燃不起丝毫浪漫之情，还要担心孩子们在零下十几度的气候里会着凉感冒。对于即将在芬兰展开好几年新生活的我们，心中难免迷惘，毕竟，来到这样严酷风雪与冰寒的国家，是我们人生行旅的第一回。而对于会开启什么样的生活与求学乐章，一时之间，我们完全无法预期，更失去了掌握自我的信心。

"芬兰到底会多冷？这样的寒冬会持续几个月？白昼究竟有多短？漫漫黑夜有多黑？黑上几个月？"我叨问着先生这些生活中最实际的问题。

"小姐啊，我哪知道呢？咱的生活经验值不是一样吗？"他无奈地说。

这一连串问题，在心中盘旋着，让我一直对芬兰有着无止尽的好奇，也成了这六年"求知"动力的源泉。

"安居"难不难？

虽然举家迁移的经验不少，但初到异乡的"新鲜人"，每天一睁开眼，还是迫在眉睫地要弄清天南地北、居家环境、工作业务、学业衔接、申办证件登记等等大小杂事。

生活中有太多实际层面，等待卷起双袖去动手完成！一踏进芬兰，行旅者的浪漫梦幻已凭空蒸发，短期过客心理也再不曾出现。虽然到底要待几年无人知晓，看似大船入港，安定了些，却因每一任期的时间长短不定，对未来不免有潜在不安，深恐好不容易才建立起的堡垒，又将在不久之后，再度连根拔起。但无论如何，生活仍必须以"长治久安"的心态来面对，而"安家"和"就学"，就成了我刻不容缓的大事。

离开台北时，大女儿在台北念小学一年级，小女儿读幼儿园中班。我们希望孩子到芬兰都能顺利入学，不要因为几个月的搬迁忙乱，而延误了就学的时间。

抵达芬兰的隔周，大女儿顺利进入了赫尔辛基国际学校就读。先生除了清晨搭地铁送女儿上学外，就是钻进办公室里开始面对他的新工作；我则和小女儿在先生芬兰同事的协助下，每天从暂时栖身的出租小公寓出发，一起冒着零下十几度的寒冬冰雪，寻找长期住所。

对全家每个人而言，这都是崭新的生活，而一切就从芬兰的严冬开始……

刚到赫尔辛基的前二十天，我们住在市中心一间小型的短期出租公寓，但只要长居的住所一天没有着落，每天就得贴上数十欧元的住宿费用差价。每回跟着先生的工作调动到一个新的国家，大概都会先住在旅馆或者小公寓三周左右，且时间长短还要依照寻觅新房舍的速度来决定。

赫尔辛基国际学校

本来兴致勃勃和我一起东看西找新居的小女儿，后来因为零下十来度的户外跋涉，有天终于说："妈咪，我不想再跟你去了！"

气候，对于我们这种新鲜人来说，是严酷的考验！我都不舒适了，更何况是不满五岁的她。

小女儿每天陪我走上好长一段路，虽然有时会搭一段电车或是地

大雪纷飞的赫尔辛基

铁，但只住过热带与亚热带国家的她，每当风寒刺骨，雪花直接飘打在脸颊上，走起路来就倍加狼狈辛苦。我看她这样每天跟着走，多少有些于心不忍。只是，那时候的我，就是一股脑儿往前冲，不是真的忘了严寒，而是一心一意想尽快找到住所安定下来。

2003年2月初，我们终于搬进了赫尔辛基的新家，是距离市中心不远处的一栋公寓。

安家是大事

搬进新居两周，我们从台北运来的行李终于抵达家门。赫尔辛基的二月天，虽然白昼已稍稍然每日增长三分钟，但室外依旧狂风骤雪，零下十几度！每回搬迁来去，只要看到家具能如期地平安抵达，心底总会感念到泪流满面，直呼谢天谢地！

货运公司五六人，不畏天冷寒风，扛家具、搬箱子、抬钢琴、拆外包装等，一整天频繁进出积雪结冰的街道与门厅之间，却未产生滑倒事件，看来他们对于这样的气候与工作早已习以为常。我们迫不及待地跟着搬运人员前前后后地收拾，但真正要使各样东西就位，还得要花上好几天，甚至几周的工夫。

从卖场买回几座灯饰，看着屋内及厨房间大小天花板上外露的接连线路，一时间真是觉得半点功夫也没有，店家说："就这样接，那样弄，OK？"乍听之下，似乎有一点懂，等到真正上阵，又不免哀叫："客厅的这盏大灯，到底怎么装啊？"

由于这里的人工很贵，先生的芬兰同事，自告奋勇主动说要来帮忙装灯，我们看着两位女士三两下就将三盏灯具装好，直呼神奇，也对芬兰女生驾轻就熟处理电器的能力印象深刻！

可是，买来的灯有三盏与天花板的灯座规格不符。我买了有着现代造型的新式灯具，但房舍是八十多年的古屋。我们哪懂这些呢？装个灯都这么有学问。换个国家，好像就得换个脑袋。唉，只好运回店家，重新选购。惨的是，不好意思再请同事帮忙，只好自己硬着头皮上场。先生每天下班之后，我拿着手电筒照明，他皱着眉疲累地在北国当起水电、拼装家具的杂工，直到我们逐渐安定下来，他才从此"专职"转为兼任，偶而当个修缮工。

忙乱了一个多月，终于将一个"家"安顿好，也再次回到正常的生活轨道。但每次只要回想到这些搬迁来去、安家整顿、添置设备车辆的历程，不是脚软，就是手软，要不就是偏头痛。

整个家，从台北拔起安置到别处，再拔起回台北，每隔几年就要来一次，各种各样的家当，浩浩荡荡地跟着漂洋过海，在洲际间穿梭来去。不仅家具的折损率高，一些生活用品及纪念物，不免来个刮痕挫伤。实在搬不走的车子和电压不同而不能跨国使用的各类电器用品等，也都换了不知几回。在两地之间搬迁，总好似脱了几层皮！但逐渐完成之后，也宛若严冬后乍见初春，更似破茧而出的蝶蛾，松了一口气。只是那蜕皮的艰涩过程，点滴在心头……

几周后，当我正像重生一般稍稍舒缓下来，大女儿却突然大梦初醒地

圣诞老人之家，跨越过天际的那条线就是北极圈

女儿以为到芬兰会住在冰雪屋里，这冰雪屋摄于拉普兰的萨里塞卡（Saariselkä）

问我："妈咪，我一直以为，我们来芬兰会住在爱斯基摩人那样的冰雪屋咧！所以，我心里一直很期待，但又好害怕。没想到，我们最后还是住公寓！"看她这么天真无邪地问着，我忍不住笑了起来……

难怪有芬兰的教育学者在介绍芬兰时，对大家说："喔，我们芬兰人可不是全都住在和圣诞老人一样的北极圈哟！"

其实，芬兰房舍，不论是公寓或是独立住屋，都设有双层窗户和运行相当良好的暖气系统，室内与室外的温度，有时真有天壤之别！假设室外零下二十度，而室内是二十二度，那内外温差不就高达四十多度了吗？！

来芬兰的这几年，每年一连五六个月的冬季，真是严酷又漫长。对于四处为家的人生，我总认为每段旅程要能精彩、丰富，那"家"必然是能够支撑自己心灵的最大力量，不论是她的摆设、氛围、情调，还是那份随之而来的心中温情与安心。所以对我来说，"安家"永远是搬迁中的大事！

全副武装，玩雪去

虽然没住进冰雪屋，但是大女儿每天到赫尔辛基国际学校上课时，小学部与幼儿园的孩子们，都得先在户外等候学校开门。

早上八点半，天还没亮，零下十几度的气温，冷得让人颤抖瑟缩。陪着孩子在等学校老师集合的大人们，总是佝偻着肩膀、手插在厚大衣的口袋里、脚踩在厚雪靴里跺步。但一群群孩子们就好像放羊吃草似地在雪地上玩起来，堆雪人、做雪球、滑雪坡……停不下来地追跑跳！

他们全副武装地穿着连身式冬季外衣，戴着厚毛帽和雪地手套，大家玩得满脸通红、气喘吁吁，管他零下5度、10度、15度，那似乎是大人与新鲜人的烦恼，一群群包裹得像肉粽子的孩子们，照样玩，照样疯！起先，以为让这么幼小的男女生在严寒的户外等候开门，真有点欠人道，但不久就发现，原来这不是国际学校的特殊设计，而是芬兰的传统。

三月，小女儿也进入了一所英语的国际幼儿园，每天只要不低于零下十五度或遇上大风雪，老师都会带着全园小朋友，到对街的海湾公园里"放风"两三回。零下的气温，冰雪覆盖的公园，呼啸而过的阵风，对我们这种亚热带地方的人们来说，好玩吗？能玩吗？！但这里，只要下课了就是要出去户外，呼吸冷到不行的"新鲜空气"，让孩子们玩！

中小学生下课时，很少会待在教室里。依不同市府与各学校自定的课程，通常芬兰孩子每节45分钟课之后或是每两节课后，就必须下课休息15至30分钟不等，出去呼吸新鲜空气，转换注意力。

这也让初到北部没经验的我们，花了好长的一个冬季，去调适自己的心疼，老是想着孩子承受的风寒，结果孩子却快活得很！

芬兰的孩子，从刚出生没几天的婴儿，就被爸妈推着婴儿车带出来吹风受冻，大家都是从小开始去适应气候，因为这是他们的生活环境，培养适应力是代代相传的生命成长历程。

芬兰虽然冷，孩子也必须在课后出外透气玩耍，但室内的暖气温度从来没有少过，总是保持在二十来度的温暖舒适。这些基本设施与保暖相当重要。毕竟，有基本且良善的安全生活环境，才能启动孩子、大人、机构组织的运作能力，更是人们应有的社会福祉。

常见到幼儿园的孩子，穿着硕大蓬松的连身雪衣一起外出，套上一件镶有多片荧光反射条的交通安全背心，由老师带领着在固定时间到公园、森林报到。事实上，芬兰长达半年的寒冬，不这么做，只待在屋内闷着取暖，加上每天只有短短几小时的白昼，大家很难不得忧郁症啊！

在芬兰，很少因为风雪与酷寒而停止上班、上课，一年有6个月冬日，大家早已练就一身御寒的功夫。低

雪地上玩耍的孩子们

穿着荧光黄背心的芬兰幼儿园孩子们

年级的小朋友们穿上吊带式的雪裤或连身式雪衣，配备质地不错的防水厚实雪鞋和手套，一身行头不仅防风、防雪，也防水，连头套也大有学问。

孩子要在零下气温的室外玩上几十分钟，全身雪装行头，说起来很多样而复杂，想要完全搞懂，必须花点工夫。每次帮女儿们穿脱雪衣，都费时耗力。但不用多久，她们都能自理了，大家在学校有样学样，周遭环境一切都是自助式，久而久之这就成了一种芬兰孩子们必备的生活习惯。孩子们穿好配有反光贴布的厚实雪衣裤、鞋、帽、手套等等，全身裹得只露出眼鼻，乍看之下，蛮"肿"的，既不时髦，也不活泼。

每次搬迁到一个新国家，就要入境随俗去适应。头两年，随着孩子成长，一知半解地买了一堆冬季衣裤，但之后也从连身雪衣的时代，进步到后来"大"小孩不屑穿连身式，要穿酷酷的上半身雪衣和好看的雪裤。直到现在，大小姐们连雪裤也不穿了，只穿厚牛仔裤。

青少年哪怕个冷字，爱美，就不怕流鼻水。想不到，这竟然放诸四海皆准！

几年之间，女儿们长大了，除了雪衣要酷之外，雪鞋也要搭配。芬兰的青少年，打扮自由又早熟，只能让女儿们选个自认"时尚"点的行头，其实，她们对现今的流行嗅觉，已然超越我们了。爸爸不懂，妈咪可不能让女儿们失望。

深冬二月，晴好天气下的
北极圈坐标点

芬兰学校没有制服

"芬兰学校有制服吗？"

"学生要穿制服上学吗？"接二连三有人问道。

"没有制服喔！不过，……"我深深以为，所有事物必有其深层一面。

这几年，我观察芬兰孩子上学不穿制服。不论是赫尔辛基国际学校，还是两个女儿分别转入的芬兰学校，甚至于芬兰少数几所称之为私立的中小学，都遵循着芬兰的社会习惯，没有"穿制服"这档事。

典型的芬兰式回答："我们从来没有想过制服这个问题！"罗亚是市镇上一所超迷你学校的老师，她和社区协会团体负责人异口同声说着。

"为什么要制服呢？"两位服务于教育界多年的爱诺和蒂娜斩钉截铁地反问。

"不好吧，制服会丧失个人主体性。"待过新西兰英式学校的海蒂老师说。

"你想想看，一穿制服，我就分不清谁是Matti、Aalto、Lauri或Pauli了！Not good！Not good！"一所小镇学校的校长，摇头笑着说。

校长还说："我女儿到非洲的学校做义工，竟然要先帮当地孩子募款买制服！因为没有制服，孩子就不能去上学。"

他摇头说道："我和女儿都觉得这简直是不可思议。"

又偏过头问我："请问，教育的根本是什么？是制服，还是学习？"

校长忍不住接着说："孩子平常有什么衣服，就穿什么来上学，不就好了吗？"

穿不穿制服这档事，在芬兰，一点都不复杂。将事物复杂化，一向不是北欧人的特质。

记得在参与芬兰教委会所举办的国际教育研讨会时，我从一位教育官员的说法中了解到，不穿制服和芬兰的历史有关。

他说："制服，是某种集体管制的象征，它只会引起我们对俄罗斯沙皇统治一百多年的不良历史观感，所以我们立国九十年以来，从没提倡过学校制服。"

其实，真的去问不同年龄层的芬兰人，只会换来一脸茫然的"没听过制服"。

我在芬兰各地十来处城镇的大小学校和教育机构访谈中，曾遇见一位少有的认为制服也不错的师长，但当我告诉她别的芬兰人怎么看待制服这档事的时候，她恍然大悟地表示，或许从不穿制服是真有其道理。

为什么她之前没想到这些历史背景和社会观感呢？看起来，制服这事儿，在这里根本不是个议题。

2007年9月，我和国际研讨会的与会人士，一起造访罗亚市的安提拉（Anttila）中学，看到十来位分批接待与介绍学校的初中生。

这群十四五岁的青少年，穿着活泼多样，打扮轻松俏丽，成熟、大方、英文流利。当时我心中突然浮现出一个幻影，如果这些中学生，被要求穿

土库市一所中学的课堂

上清一色的海军式翻领百褶裙制服，会是个什么模样？

我即刻惊觉这个幻觉的可笑，心底不断摇着头说："不可能！"我不会喜欢他们这样"变身"！这些学生少了我们印象中刻板的青少年青涩模样，一个个宛若自然迈向成熟的绅士和淑女般可爱与讨喜。

回家后深入想了想，也重新打量女儿们每天自由决定想穿去上学的衣服，我发觉，其实我一直很喜欢这样的自由自主！

北欧的孩子一向早熟、独立，制服这事儿，已经是一件不必放在脑海里的小事儿了。

但是一个社会，减少对孩子生活与学习上的管制，并不代表完全没有约束，而是一种"整体"对于"个体"的尊重。很多日常事物，不管制，不禁止，就"见怪不怪"，既然在孩子们之间不是"怪"事，就不用劳烦大人们来管制。

大女儿说，班上有位在芬兰出生的马来西亚裔同学，她很爱看日本漫画，有天问了学校校长：“为什么我们不能像日本一样有制服呢？”她认为制服蛮好、很酷呢。校长回答说：“因为，我们本来就没有这个预算。”

大女儿回来一讲，我立刻更了解了。不论是因为俄罗斯占领的历史厌恶感，或是立国以来就尊崇自由、民主、独立、开明，或许都是芬兰没有制服的背景原因。

但在芬兰这踏实的社会福利国家，基础教育是宪法规定由国家所提供，不仅学费全免、免费供应营养午餐与教科书，居住地偏远孩子们的交通费也是政府支付，那制服怎么可能出现呢？

如果任何一所公立学校规定穿制服，那谁要付钱购买？绝对不会是家长掏腰包，而是政府依照提供免费教育的义务，拿出预算帮学生买。

钱要用在对教育有真正意义之处，有没有制服，与教育和学习成果真的无关。如果制服只是为了好管理，那学校的教育目的，不就变成是先求管理得好，其次才是关注学生学习吗？

脑海里浮现出，小镇学校校长和他曾在非洲做义工的女儿，一针见血地问道：“请问，教育的根本是什么？”

女儿转入芬兰学校

2002年秋冬之际，在启程到芬兰之前一个多月，帮大女儿申请了赫尔辛基国际学校（International School of Helsinki）与英文学校（The English School）；当时我对这两所学校之间的差异，所知有限，即便问了几位朋友，大家也并不清楚它们之间的分野。不过，属于芬兰双语系统的英文学校，在我申请时并没有名额，所以大女儿顺理成章地选择了国际学校。

赫尔辛基国际学校，就像台北美国学校或欧洲学校，平心而论，它并不是国内许多报道习惯描述成的贵族学校，因为以美式教学体系为主的国际学校，当初会设立，本来就是为了让美国及世界其他各国驻外使领馆、国际组织与机构、跨国企业或各类学术、公司、研究人员等的子女们，有一个可以通用的教育衔接模式。

她的学费高昂，是因为芬兰政府的教育补助经费很低，校方主要开支来自学费收入。所以，芬兰父母要是让孩子们入学，自然也就得负担高昂学费。

虽然国际学校的学费高昂，但许多国际企业、芬兰公司或是各国的使领馆大多全额补助子女入学费用；所以，费用再贵或是逐年调涨，国际学校的学生总能维持一定数目。

相较于多数家长的学费是由政府机构、跨国公司、派遣单位全额或近八九成地负担，我们的情况就不可同日而语了；两个女儿各读了两年，前后总共三年半多，加上小女儿先前所念的国际幼儿园一年半，我们几乎每年七八月间，就得想办法凑足这些昂贵的学费。

当时欧元一直高涨，家庭收入相对大幅缩水，学费补助极其有限，对很多派遣在欧洲工作的朋友们来说，子女在国际学校或美国学校就读的负担相当重，而且只会愈来愈重。

在芬兰定居一年多之后，好不容易抽空整理一堆资料，无意间发现当年为大女儿申请英文学校的缴款单；抱着姑且一试的心理打了通电话给校方，想不到三年级正好有个空缺，"你们要不要来试试？"学校秘书问得很干脆。我一时之间有点不知如何应对："嗯，这个嘛……"她追问："要，还是不要？"我有点心慌，只回了一声："嗯！"她紧追着说："如果要，现在就要做决定。"想起很多芬兰朋友跟我说过，英文学校的秘书蛮凶的，我当下就说："好，我们愿意。但有什么入学条件啊？"

还好我问了，她说："测验啊！"这让我吃了一惊："考什么呢？"她一口气说完："数学、英文和芬兰文。"我觉得必须说明："数学和英文应该可以，但是芬兰文就不行了，因为我们是外国人……"想不到她就决定了："好的，那就数学和英文。"

我一阵默然，心里放下了一块石头。可是，又隐约感到另一个问题才刚开始……

几天后，我和先生去参观了英文学校，在走廊上巧遇和大女儿一起跳芭蕾的英芬混血女孩米丽；我灵机一动要了她家的电话，晚上即刻拨给她妈妈，了解学校的情形。

细心敏感的大女儿，见我傍晚时分与别人在电话中谈起学校如何等事宜，她当时没说什么，但已经起了蛮大的心情变化。

孩子的敏感度出乎我意料地高，我通完电话后好一会儿，她突然很不悦地问："妈咪，你在做什么？"我回答说："没事啊，我只问米丽的学校如何。"

大女儿警觉到我话里的心虚，突然很气恼地说出："I don't want to change! I've just got used to it!（我不要换了！我才刚刚适应下来！）"

我们家平日只能说中文，但当女儿们心急如焚，或灵机一动之时，在学校惯用的英文随即脱口而出。

当时，八岁，小学三年级的大女儿，已经有很强的意志力与个人思想，她一语道破：一艘不断随波漂荡的船只，好不容易终于在这两年中停靠了一个她认为可以安然处之的港湾，不想被迫再度奔忙换校、换同学了。

她眼角涌现泪光，我真是于心不忍，实话实说了："芬兰教育不错，去试试无妨；不试，我们怎么知道好不好呢？说不定，你会喜欢上这所学校……而且国际学校的大门，还是永远会为我们敞开的，不是吗？"

"况且，女儿啊！你还得去参加测试耶，又不一定会上啊，对不对？先试试再说。不试，永远不会有机会；试了之后，你至少可以说，我试了。并且，人生多个选择，不好吗，宝贝女儿？"我心酸地继续劝着……

"还有，午餐费可以省下，很贵的学费也可以减轻好多，我们可以把钱用来做更好的计划，我们可以做更多的旅行。……"

一直以来，我对孩子动之以情，晓之以理，但这一次，想到女儿从出生以来到现在，已经要换第六所学校了，我心好痛……

半小时后，大女儿跑来哭着抱住我说："Ok, I'll try!"

对于女儿愿意勇敢地离开同学、离开如鱼得水的国际学校，刹那间，我的泪，竟如澎湃潮水奔涌而出，情绪已然决堤，我们母女俩抱头痛哭……

转学，小小年纪的挑战

她，小小年纪，居然要面临第N次的转学压力！好不容易这两年已经逐渐适应，不论在环境还是在语言课业上，但我却又将她凭借努力而得来不易的安稳，再次打破归零！我为何如此忍心？

当时，我的心，如刀割般的痛楚。

入夜后，我辗转难眠、呜咽不已，只要一想起女儿的那声"愿意一试……"，就扪心自问为什么一定非要她再转学不可？这个决定对吗？好吗？结果会怎样呢？我彻夜难眠，泪无止息地沾湿整面枕巾。

新生活的适应，对大人都不容易了，我何其残酷地让大女儿在小学三年之中，就换三所学校？我哭到胸口痛得难以呼吸。

这种号啕痛哭，好像只在我远离西非洲搬迁到夏威夷之后发生过，回想起在非洲艰困度过四年生活，那种仅以身免的心理压力让我失控大哭过无数回；但也已经好几年再没有过了。

这回在芬兰，要不是因为国际学校学费负担重，我们并不需要让孩子如此折磨，但是她的乖巧、配合，最让我心酸、心痛，而再度哭噎不已。

当时我们只是单纯地认为，有机会转校，至少可以先省下一个孩子的学费；毕竟，小学阶段就必须支付如此高昂的学费，实在荒谬。而且眼见欧元汇率日日高涨，不是身处欧洲的人，无法亲身体会这种挣扎。

一个孩子就要花上万欧元的学费，在海外工作的辛苦钱，多数就用在孩子的中小学，好吗？其实，身为父母在海外工作的朋友们，没有时间，也没有余力去思考这个问题，只要孩子有学校可以念，能一家人尽量聚在一起，不要分隔海内外两地或三地，真的就要好好感谢老天爷了。

一切就在人生转折之间，我们和孩子做了这样的抉择，所以必须一起勇于面对；这个改变的确也为我们都带来特殊的经验值，更开启了我与芬兰教育对话之路。因为选择，所以有不同的收获，一路走来，绝对有苦、有泪、有笑、有喜。不论欢不欢喜做，也只能甘愿耐受。

我很感谢女儿们，终愿在小小年纪时，和爸妈在搬迁人生里，一起放手一搏。也很感念芬兰的学校，不论是英文学校，还是小女儿后来转入的瑞苏（Ressu）小学，愿意给外国孩子入学机会。

大女儿转学之后，短时间之内就适应得不错；11月出生的她，在国际学校的班上是老大，对于小她大半岁的女生同学总是为了小事争吵，她觉得好笑。

但转来芬兰学制的英文学校之后，因为芬兰小孩是7岁才入学，所以她反而成了班上倒数第二小的。在一群和她一样都是猪年出生的孩子中，有一天她得意地对我说："她们都跟我很像，很认真！"

看来不经一番寒彻骨，焉得梅花扑鼻香。虽说如此，但我们还是多少有些运气。我并不认为孩子非得如此受苦折磨不可，毕竟一切的选择与决定，只有时机与考虑的不同，真的无从比较好坏。

我并不鼓励所有的孩子都要如此一搏，而是认为父母在选择适合他们转换学习平台机会的同时，要有同理心地多多付出爱心与耐心。毕竟，并不是每个孩子都一定拥有相同的运气，但父母的支持和鼓励，却绝对必要。

跨国搬迁生活与跨文化转换学习的孩子，个中辛酸历程不足为外人道。除了新环境的适应外，还有不同语言的学习。家里两个女儿很幸运，没有多久就适应下来了。但孩子们和父母所走过的心情转换，仍然需要一家人相互打气、爱护，来度过这经年岁岁。

到了芬兰的第三年半，小女儿也从国际学校转入了赫尔辛基市立中小学新开设的英语IB课程^①；虽然和姐姐念不同的学校，但她好像早已准备好，蓄势待发，以为只要姐姐能做得到，她也要表现得有勇气的样子。

人生事，总是一回生，二回熟。有了老大的经验值，面对老二，事事都显得平顺、简单得多了。

---

①　国际IB课程（International Baccalaureate Diploma Programme）是由非营利性的"国际文凭组织"（International Baccalaureate Organization，IBO）所设立。IBO成立于1967年，总部设在瑞士日内瓦；而IB课程与文凭的设立目的，是希望跨国之间移动家庭的子女，能在不同国家的国际学校与当地学校顺利衔接就读。目前已有一千多所大学认可此项国际文凭，也有十几个国家的上千所中学已开设IB课程。官方网址：http://www.ibo.org/diploma/。

芬兰东部的女学生

Chapter

芬兰教育特质

芬兰教育：见树又见林

　　我一直认为，芬兰的教育理念与教学方式，有一种和亚洲或俄式训练迥异的风格。打个大家耳熟能详的比喻，就如同大自然森林中的"树"与"林"；我们习惯的教育是"先见树，再见林"，但芬兰或不少西方国家的教育模式，则是"先见林，再见树"！

　　"先见树"与"先见林"的差异到底在哪里？

　　"先见林"，能让孩子先了解到整体课程概念与学习目标的全貌。而"先见树"的教育模式，却有可能当还没有机会见到森林时，不少学生已经在既漫长又着重于树的细节过程中，感到疲惫不堪而半途而废，因而错过了能透过一株株高耸树木，望见整座丰硕美丽"森林"风貌的喜悦！

　　这十多年来，我自己经历过，也陪着孩子们体验过不同种类的学习方法与教育模式。旅居芬兰这几年，我不仅接触了芬兰人如何教游泳、花式溜冰、曲棍球、语言（英文、芬兰文、法文、德文等）、绘画、艺术、乐器、音乐、体育、阅读等，自己也曾经到赫尔辛基大学念过密集的芬兰语课程。

　　我感受最深的，是芬兰或西方式的教育方式不一定是最好、最了不起的，因为没有任何一种方法是绝对的好，或绝对的差。**但学习过程与效果，却可能因为基本理念和教育出发点不同，而产生截然不同的两种结果："快乐"或"痛苦"!**

一位曾在芬兰念过高中，而先前也在欧洲国际学校上过学，目前在英国念建筑的日本官员朋友的女儿，有一回，与我谈起这些年来的教育经验，有感而发地说：

"其实亚洲与西方的孩子都是一样的，希望能念到适合自己的科系或不错的学校，虽然这些最终目标都相同，但是整个求知与学习过程、方式，却大不相同！"

北极圈里的溜冰课

　　北欧国家时至今日，在社会、人文、政治、教育的评比，高居全球他国之上，这五国人民的外语能力、知识水平、社会公平与福利安全，整体而言也都在不少先进国家之上。当然这并不代表北欧人民天赋异禀、三头六臂，或者人人是天才；毕竟世间没有完美的国家、完美的人。在芬兰住了六年，我发觉，这里的人民，其实和你我一样的平凡，有天生的喜怒哀乐，有人性的善恶好坏，对于漫长的严冬和短暂美丽的春夏，也有看得开的安适，或走不出来的忧郁。

　　他们的人民与城镇，从表面上看来，还真不具备亚洲习以为常的"竞争力"模样与先进繁荣的表象！但这些年来，我发现，其实"进步"并不见得都可以用我们习惯的概念与模式来评估，应该平实地去看一个国家与人民水准的平均值，而不是去谈论与探究任何特殊建设与特别培养出来的成就！

　　北欧长期展现出的优质与均衡，让开展各种全球评量的国际组织与研究学者，年复一年地把排行榜上数一数二的赞赏与肯定，颁给北欧国家。

　　芬兰15岁中学生的教育水准，近年来一直被"经济合作与发展组织"①评鉴为整体表现首屈一指；国家整体清廉程度，更是连续多年被"国际

---

① 　经济合作与发展组织：Organization for Economic Cooperation and Development，OECD，成员包括全球共计37个以市场经济为主的国家；总部设在法国巴黎。目前该组织为全球经济与社会相关统计数据的重要来源之一，并且针对各项经济指标、劳动力、贸易、就业、移民、教育、能源、健康、工业和环境等，经常性开展全球研究调查与评估。官方网址：http://www.oecd.org/home/。

透明组织"①评定为前茅！这些长治久安的国力基础，让芬兰能够获得这么高的国际赞誉，让世界其他各国无不争相前来，一窥"良治"（Good Governance）的究竟！

讲到芬兰中学生的高素质和高度评价，难道是芬兰小孩特别聪慧，每天废寝忘食地读书？或是家长每天要陪读到深夜，还是大小考试压得学生和老师都喘不过气来？

其实，芬兰孩子的上课时数，比起多数国家都少得多；功课从没有多到做不完，周末或假期的作业不会让孩子忙到不能好好休闲。寒暑假就是放松休息的假期，甚至，根本也没有什么寒暑假作业！

举例来说，他们对于数学的教学方式是在课堂上演练灵活多元，但却不是反复做习题、写考卷，而是着重题型的理解与课堂的讲解，上课时间也不会多占用到其他课程。若能在课堂中让学生学会的内容，就不需再花额外时间去重复演算，而是让学生有自行消化吸收的空间与时间。

芬兰中学生在OECD 2007年公布的"国际学生教育评量"（PISA）数理成绩上，虽不是第一，但只比第一名的我们，少一分而已，并且在前两届评量中，都位居第二。此外，在2010年公布的2009年测试的数理成绩中，也紧追在我们之后，但在2013年公布的2012年的成绩，芬兰首次在数理成绩上滑落多名，但在科学的表现上仍算亮眼。

---

① 国际透明组织：Transparency International，TI，成立于1993年5月，非营利、不属于任何政党，总部设于德国柏林。它是全球唯一以反贪腐为宗旨的非政府组织，在全球将近九十国设有分支机构，监看政府与民间机构的透明度，进而防止贪渎。国际透明组织每年定期发布国际贪腐监测指数，举世瞩目。官方网址：http://www.transparency.org。

芬兰学生竟然能在数理能力上足以和亚洲学生平分秋色，让欧、美、亚洲等各国，每一年都派出不少教育考察团到芬兰来，想好好了解芬兰老师在学校是怎样教的，学生在学校是怎样学的，才能用比大家都少的学习时数，创造出比大家都更平均、更优异的成果。

英文教学，其实在芬兰也是以学校所教的为基础，市面上没有林立的英语补习班，看不到各种英语学习杂志。那，为什么几乎赫尔辛基的出租车司机、百货公司或商家店员、咖啡厅或餐馆服务生，甚至连市场的屠夫鱼贩，都能说着堪称对谈流利的英语呢？而且不止是赫尔辛基这首善之区，六年来走访过芬兰全国各大城小镇，真正随机遇上一位完全无法说英文的男女老少，比例并不高！

深入想一想，芬兰用了多少力气，让全民说英语的比例，能达到如此普及呢？芬兰学生是怎么学外文的啊？

如果在芬兰的课堂学习不需要漫长、苦撑的辛勤啃读，但成效却又扎实、优质，而他们中学生的素质高低差距比例，又是OECD国际学生评鉴参与国家中最小的，那她的基本教育实况，必定有值得大家一起探究之处！

所以，我以教导模式作为介绍芬兰教育特质的开端，即到底是要学生先钻进去研究单一的"**树**"，还是引导学生看到整体的"**林**"。从基本理念来了解这个国家的施教哲学，看出他们在人生哲理上的择善固执。

芬兰教育：先见林，再见树

先举个实例，例如芬兰的"花式溜冰课"基础教学，是老师先在一堂课里示范、教导好几样姿势和技法，且一个动作顶多教8到10分钟就换另外一个动作。短短45分钟一节课的时间，学生就会接触到四五种技法和概念。除了溜冰课，在滑雪、游泳、语言、音乐等许多不同课程的教学过程中，我也发现这些异曲同工式"见林"为先的特色与模式。

或许对此，亚洲家长可能会觉得老师在一个细节、一项动作都还没教会学生，或是练习不足的情况下，怎么能再继续教新的呢？这种质疑与干预，出自于家长希望每一堂课都要"立竿见影"或"反复演练"，以确保子女都能熟悉课本和参考书的内容及题型，这样考试才能拿高分。因为我们惯于每一段时日都要做评比与评鉴，既以考试要求学生，又以考核要求老师，但这样的情况，反而无法了解孩子们是不是能够学到整体、宏观的概念，是不是能够享受多元、跨科目学习的课程内容，无法一窥不同阶段的学习乐趣。

如果在"见树"的过程中，反复再反复地练习、考试，而最终目的是要能压倒周边竞争者，那学习与教育启发人性良善的层面，以及希望培养终生学习的目标，反而在孩子年幼的阶段，就从制度层面上被否定了，甚至进而抹煞了学生对任何一门课的长期学习兴趣与持续了解的动力。

每次到国外，又回到台北，我总是喜欢当孩子们学习各类校内外课程的"旁观者"，从中慢慢咀嚼、思索、体会出不同文化与教育模式所产生的学习乐趣与效果；而乐趣与效果，就决定了这门课或是活动，能否真正让人终生喜爱。

我自己经历过，也看过台北小朋友学游泳的过程，一堂课下来可能就是让大家在池边双腿打直踢得要命，或是双臂滑啊滑的练习，偶尔带一点水母漂啊漂的。通常一节课就这般的重复演练某段基本动作，几堂课程就一段接一段地了无生趣、制式化地结束了！

可是学生们真的能在课程结束时真正自主游上几十米吗？会不害怕地在水中载浮载沉、轻松换气吗？能够几趟来回游下来，脚不用踩到池底吗？是让大家早早接触到跳水，那种双脚一蹬就直接蹦进水里，不管头上脚下，还是脚先头后地跳进去？

芬兰式的教法，是让大家快乐地先"见林"。基础游泳班让孩子和成年人都一样地在开朗、轻松的情境下，先"玩水"，而不是马上学"游泳"。不是一直强调要学什么自由式、蛙式的"标准"动作，而是先让大家在水波中浮沉自如、快乐逐浪，自然而然地体会到自行换气、轻松游泳的乐趣！

这要是放在我们家长或是教师评鉴会上，可能看到会错愕，甚至昏倒，因为教学过程居然不是一个姿势、一种游法的反复练习、强调标准。有的家长会说，这样老师会不会太偷懒了点？这样教法，会有效果吗？有用吗？姿势不标准，会不会太丢脸了？但是，却不可否认地眼见孩子们在历经一段好像没有真正在"练习"游泳的课程后，她们却真的好喜爱去上游泳课，不仅学会了游，学会了跳水、潜水和自信满满地在深、浅水区换气前进，还随心所欲地从蛙泳变仰泳、仰泳翻成自由式，一举游上三五百米！

这种看似既不严谨，又不要求动作标准，而采用体验、鼓舞法的"玩乐"教学，却能让孩子们真心不怕水，以最自然的方式，如鱼得水般地畅游！

也许有人真的比较认同俄国式严厉操兵的训练，让"适者生存、能者出头"，非人性地将不适者淘汰、贬抑。这种方式，适用于人口多到允许耗损的"大国"，反正人多不怕严选汰换。但对芬兰和北欧其他那些人口数目不多的"小国"，教育根本理念在于国家和社会没有本钱让任何一个孩子被制度早早地去"筛选"，从而贴上"落后"的标签。

芬兰及北欧早早就认识到，孩子一旦跟不上学习，如果不从制度层面上去特意照顾和鼓励，那学习与教育就不平等、不均衡，最终就是整个社会都要为这些长大之后的孩子们，付出更大的社会成本，更糟的是这些国民素质缺口，即便再投入更多的资源矫正或改善，效果都有限了！

仔细推敲芬兰的基础教育，的确是运用了很多元、很重视人性的方法与模式，希望能先启动孩子们学习上的兴趣，以及对整门课与科目的了解，这就是**"先见林，再见树"**的长处。

在学习初始阶段，师生们都不至于为了"一棵树"的细部知识与标准动作，在**"先见树，再见林"**的教育概念下，带着学生反复演练、一磨再磨，而能**让学生放宽眼界，经过教育最基本的认知阶段，并能建构起日后深入学习、终生学习的兴趣。**

人生，真的不是只有一场赢在起跑点的百米冲刺，而是一场与自己

大女儿学校的运动会

赛跑的马拉松。一段一段的机械式操练，固然能让孩子们一时之间在分数上比个高下，但对启发与养成一生的学习乐趣毫无帮助；只能让大家在害怕输在起跑点的阴影笼罩下，反而看不到学习过程这一片片美丽的学问森林。

"**先见树**"的教学方法，让不少学生在反复操演、磨练的过程中间，觉得自己没有"天分"、缺乏"慧根"、没有"兴趣"，而中辍、放弃了某一项科目与课程，最后让一片原本可以先看到的美丽人生学习森林，显得如此遥不可及、事不关己，使学生不能自然养成最终的学习乐趣，折损了理想中的学习成果！

善用"**先见林，再来看树**"，能让孩子在渐进式多元化的教学中，看到事物与学科的大致面貌，从而点燃他们持续学习下去的兴趣。当他们渐而有心持续学习之际，师长们再将需要专研的"树"，一一经过整理后循序深入教学。

没有一种教学方式是最完美与绝对的。因为，终极目的都是想要达到某种设定的教学目标。但是不同模式下的学习苦乐程度，以及能否让教育资源发挥到最大效果、人生学习的乐趣能否真正扎根，却也只有实际经历过的学习者才能体会！

2016年最新出炉的《世界快乐指数》（World Happiness Report）研究报

告中，前十名的全球幸福国家依次为丹麦、瑞士、冰岛、挪威、芬兰、加拿大、荷兰、新西兰、澳大利亚、瑞典，前五名中，就有四个北欧国家。[①]2019年联合国公布《世界幸福报告》（*World Happiness Report*），全球156个国家与地区的综合评比里，芬兰再度蝉联为全球最幸福的国家，其他名列前十名的国家依序是：丹麦、挪威、冰岛、荷兰、瑞士、瑞典、新西兰、加拿大、奥地利，北欧五国总位居历年报告中的前茅。

　　这些大半年处于北极圈附近，深受酷寒和日照不足所苦的国家，其人民的学习、成长、生活、工作等，必定还是有其自得、自信之处，以及让大家都能平实、自在活下去的风情！

---

① 2016年的"世界快乐指数"（World Happiness Report）研究与调查报告是由联合国资助的"永续发展方案网"（Sustainable Development Solutions Network, SDSN）与美国哥伦比亚大学地球研究院发布的，此次报告列出全球157个国家与地区的综合排名。研究者依照盖洛普（Gallup）的全球民调，根据各国人均GDP（国内生产总值）、所获社会支持、平均健康寿命、人生抉择自由度、慷慨捐款程度、对政府的信任或政府的清廉等六大指标来进行。

重视教育，百年如一日

芬兰人心中，到底如何看待教育这件事呢？

我在几次由芬兰国家教育委员会所举办的国际研讨会中，一再听到芬兰教育工作者对来自世界各国的人士说："芬兰这个民族，从很早开始就非常重视教育了！"而我更经常听到这句话：教育在芬兰社会，拥有很高的核心价值。

公元1897年，距离今天100多年前，英国作家崔蒂（Alec Tweedie）在《行过芬兰》（*Through Finland in Carts*）一书里，就如此写道：

"出众的教育制度，将会确保芬兰前途似锦！"

"芬兰国家的未来，就仰仗她的教育制度。"

她的预言式观点，在100多年后的21世纪，果真应验了！一个缺乏自然资源、人口稀少、强邻环伺的小国，就因为有很深的自知之明，知道唯一能建构起国家未来的，只有人力资源，而良好的教育，就是把人力资源转换成人才的唯一窍门，故而，芬兰在17世纪的典章订下了规范，凡是即将结婚的夫妻，都必须要会识字，才能步入礼堂；因为教会希望年轻一代都能阅读《圣经》，这项规范，与芬兰拥有82.4%的基督教路德教派信众息息相关。

这种平民大众与士绅、官员、教会一样享有平等受教、识字的权利，让芬兰从很早开始就开启了珍视人本、世代扎根的教育之旅。但芬兰却从未订立任何国教，基督教会的影响力固然无远弗届，但平等、人权的概念却也经由教育启迪人心，不会受到宗教教义与教会保守教规的绑缚。

我行走于芬兰各地，在大城小镇上遇到了形形色色的芬兰人，不论是芬兰国会的国际参事、小女儿学校的女校长、北极圈里的高中校长、东南部外来移民居多的小学教师，甚至是位于西部土库市政府教育局官员等，都与我分享了这段文化、信仰与教育的历史背景。

他们异口同声地说，这段教会半强迫、半鼓励百姓们一起阅读圣经的方式，对芬兰人很早就开始重视教育，有着极大的影响。借由这项规范与社会群体的制约，芬兰也极为有效地从百年前就降低了文盲的人口比例。

而芬兰人在1917年奋力争取独立之前，有将近800年是夹处于瑞典和俄国两大强国之间。建国后的内战和二战，让芬兰民族认清了要建立坚实的国力，不能让邻国看低、欺压自己的唯一方法，就是了解自身的环境与条件后，从各方面不断地找寻适合自己发展的道路，借着原本就十分重视教育的理念，更加以平实的态度去逐步培养出一代又一代建构国力的基础人才。

不躁进、不求速成，只有埋首用心用力去做。芬兰走过百年以来的挣扎求生，以致当今在国家竞争力、国家清廉程度、信息科技能力、教育成就等各项评比上成为全球瞩目赞誉的焦点，实在不是仅凭借着森林与湖泊等天然资源，而是在于一直深深信仰：唯有"教育"才能延续、发展自己民族的生命力！

芬兰国会的提何能博士对我说："第二次世界大战时，我们这么小的国家，必须一起肩并肩作战，我们无法去区分彼此、区分贫富贵贱。"她接着语重心长地说，"也就是这样，唯有人人都有好教育，我们的国家才会有世世代代的人才，整个民族的前途，才会有希望。"

赫尔辛基一所中小学校长尔雅谈起"二战"后的艰困，在我面前眼眶泛红地说："当时，我们很穷，教育又不是完全免费的；我们家的教科书，都是三姐弟轮流共享。"

从1917年独立的前后，就已深觉教育的重要性，但1918年内战结束到1939年短短二十年之间所辛苦建立起来的微薄基础国力，又被"二战"耗尽。战后芬兰为了偿还战债，必须在重建家园的同时，挤出大量工业产品抵债。但刻苦、自律的芬兰人，从1945年二战后的百废待举、破败劳苦，

短短7年之间，不仅在1952年完全还清了战债，还在同一年举办了夏季奥运会，更赢得了第一届环球小姐选美比赛。

这种戏剧化的民族自信重振，让芬兰再次确信，国力的基础唯有靠自己建构，也唯有"教育"，才能使芬兰社会重生、国力重建，并走出一条自己的路。

不过，当时"二战"后的芬兰教育曾经采行德国式的"十岁分流制"，也就是所谓的"学、职双轨

夏日的芬兰森林

制"。所谓的"十岁分流",是在孩子读小学四年级时,就必须决定自己的前途是升学,还是职业技能,这两条人生轨道,自此开始即无交集之处。那时芬兰的社会民主党派,开始推动改革这种自幼分流的社会风潮,此时,左邻的"大哥"瑞典却已经开始重大的教育变革,芬兰一如既往,选择再次向瑞典跟进。这在当时的芬兰社会引起各种声音。

"为什么一定要学瑞典?"

"瑞典的改革也出现错误缺失!"

"难道我们非得犯下一样的错误才行吗?"

此起彼落的质疑声浪不断,但芬兰推动教改的决策在1964至1968年萌芽与启动,将旧有双轨式"精英"与"职工"自幼即分流的体制,逐渐替代成为现代化的九年一贯制基础教育。

我对于芬兰当年推动教改的历程特别有兴趣,因为历史沿革、教改过程、教育理念落实等等的背后故事,绝对比目前光鲜亮丽的数据来得更具说服力与精彩动人,也更让人省思。然而,这些过往,并不会在演讲会中听到,所以我和国家教委会的处长轻松谈起时,她意味深长,却又很芬兰地说:"是啊,我们蛮幸运的,因为我们小心翼翼地避开了瑞典教改大部分的问题。"

这个曾紧跟在瑞典大哥身边的小弟,果真知道要走出自己的路!教改中,芬兰注入了独特的重视平等、均衡的价值观,而一路走来的平实灌溉,在半个世纪之后,让少有机会登上国际新闻版面的芬兰,却也因着优质、平衡的基础教育成果,在国际社会上享有高度的盛名!

扎实教改，成就了今天的芬兰教育

芬兰今日出色的教育制度，并非一步到位的教改就能让她平步青云，而是经历过好几个世代的激烈检讨、革新与调整。而对今日芬兰教育影响最重大的改革发生于1970年。在当时启动教改之际，社会舆论也曾因为改变力度过大而一片哗然。

1972到1977年间，一个全新的教育体制全面取代了旧有的十岁分流制度。芬兰政府从最北边的拉普兰开始，一路往南边推动。这项改变旧式"学、职两轨"永不交集的新学制，就是希望基础教育能更趋向"众生平等"，让孩子们都接受一套完整的教育，一直到15岁青少年阶段之后，才需要去面对"学、职两轨"的抉择。但在今日，即便是选择了其一，只要学生有心，两轨之间仍然充满着弹性。

芬兰教育界友人们一提到这段往事，就不免咧嘴笑开来了。

"为什么从拉普兰的罗瓦涅米开始？"我很好奇地问。

"因为她离赫尔辛基远得很啊！"

"对啊，这样中央比较听不到抱怨的声浪。"

嗯，我懂了，从地方包围中央，从边区向首善之区推进，大概是希望改革的阻力比较小吧!

实施改革的初期,芬兰各地教育与行政机构其实并没有任何的教学主导权;比如说,除了少数几所特别的学校和大学师资实验学校等,各地方政府并无任何的教育权限,学校必须确实遵循中央政府制定的课程规范。学校老师一切的教学内容与成果,也都必须遵照学校和督学的稽核与考察。

我对在约瓦斯曲莱大学教育主管学院的访谈,印象真是深刻。院长跟我说:"你相信吗?我当初一毕业开始教书,就拿到一本比圣经还厚的教学手册,里面巨细靡遗地告诉我要如何教我的专业领域:数学!"

我笑了笑,接着他提高声调说:"老天啊,难道我的书是白念了吗?我难道连一点自主的能力都没有吗?"

这么多年过去了,他心中那股被体制近乎"折辱"的愤怨,仍让这位受人敬重的资深教育专家耿耿于怀。

赫尔辛基市区的一所中学的校长说:"那本手册厚到我们哪有空看啊,大家多半是扔在一旁罢了。"

看来这世界的基本道理是相通的;规定得越多,反弹只会越大,上有政策、下有对策,果真非常人性。

我问道:"当时芬兰是采取能力分班?"

答复来得很肯定:"是的!"

"那什么时候开始不再能力分班了?"

"1985年终于取消了能力分班,让所有学生都接受相等的教育内容,更关注学习落后或有学习障碍学生的弹性学习空间。"

"那这方面有比较完整的配套措施吗?"我更加关心地问。

"有啊,在取消能力分班的同时,提供更多资源给学校和老师,并确

芬兰东部中学的移民学生与小班制辅导教学

保校方维持小班制。增加学校自主权，让校方和老师自主决定教学内容。"

　　往后十年间，各个学校相继采取弹性的学生分组，这不是按能力分班，而是让不同学习情况与进度的学生，可以在比较适合自己的组别中，让老师给予不同的关注，来鼓励学习的兴趣与动力。学生可以在学期中从一组转到另外一组，一直到学期终了，老师会依据学生所参加的组别来评比，而不是全体学生以同一方式和标准来衡量。

　　这一路推动下来，应该很平顺吧？

　　"在1990年，我们将中央行政监督的权限缩减了！"国家教委会的主委蓝金能说。

　　算起来，教改20年之后，芬兰教育界对自我的要求和实际动手去改变、提升的动力，建构起另一项巨大转变的基础。

　　"中央行政机关解除了对地方教育体制的严格规定，不再对教学内容与目标施加过多的管理，而走向更自由、更弹性化。"

"这是1994年的教育纲领。"2007年9月份，研讨会的主讲人帕金拿了这本当年政策大转弯、决定将教育主导权归还给老师的核心课程纲要。

"别看这薄薄的124页，当时花了将近一年半的时间，才完全定案！"身为教委参事的帕金这么说。

当今，主管芬兰基础教育的全国教委会，只提供各个不同科目的教学目标与内容大方向，实际教学方式和教科书的选择则完全由各地方教育机构和各级学校自行定夺。

1994年制定的基础教育国家核心课程纲领

我一连与好几位芬兰国家教委会的官员和顾问对谈时问过，到底这两本（1994年版及2004年版）影响芬兰教育深远的核心课程纲领，是如何产生的？决策过程如何？哪些人参与研修、制订？如何划分各项课程的研修小组？

他们回复："纲领的内容是由众多不同的专业与评估小组，经过很多次的讨论与研议之后，才逐渐订立下来。不是我们几个坐在中央政府大楼里的人就能决定的。"教委会哈丽能参事说："2004

2004年制定的基础教育国家核心课程纲领

年版的总纲，比1994年版来得详尽，所以总共花了三年半的时间。"

一份纲领，在经过旷日废时、由下到上的方式研讨之后，会先把各种初步想法拟成文字大纲，再选择全国各地500所不同的学校试行。经过广泛搜集各校师生等多方的反应与回响之后，再进行修正调整。这像极了商业领域中任何新产品的上市法则。

1994年芬兰教育开启的重大革新，让中央从此只负责厘定课程大纲，而由地方政府去真正落实，不仅各级教育机构和学校都拥有了充分的自主权，也扩大、深化了教师参与教学规划的热忱与自信。

第一线任教的教师，对于最真实的要教给学生的课程内容，是说话最大声的主导者。

整个体制，从标准的权威管制方式，改成由下而上的"互相信任"。所有的教育机构，成了最佳的教育资源协助者。

"以前的规定是多如麻，规定老师该如何做、怎么教、教多少，老师和学校的自由度都很低。现在，不再有厚重的手册、不再有督学，多了自由，反而进步了。"

今天的芬兰教育，根据大多数访谈的芬兰教育学者的看法，似乎比较符合宪法规范国民受教权平等的精神，也更能持续不断朝着综合式基础学制（Comprehensive School）去发展。这样，才能确保人民享有相同的教育机会和教学资源，没有性别、收入、社会地位和族群上的差异。

芬兰这一路的改变，对芬兰人来说，到底好不好呢？绝大多数的人都认为这是非常正确的决定，也十分庆幸当初走上了这条改革之路。尽管这40多年来，不免跌跌撞撞，提出的各种教改方案，总有着大小不一的风雨和争议，但大家有着一致的高度共识，就是必须不断地努力为自己后世子孙找到一条最适合的教育与成长道路。

　　而我在四处探究之余，发现最令我感动的，往往不在于芬兰今日闪烁的光芒，而在于各世代一路走来所经过的心路历程，与这一段尽心竭虑、扎实推动的转变过程。

　　原来，芬兰，曾平凡无奇，也曾彷徨挣扎。但回首过往，四五十年来一点一滴的耕耘与扎根、不断的评估与检讨，都是希望下一代的孩子能正常成长、国家社会能长远受益，依持着这样的信心与目标，才能逐渐打下今日傲人成果和荣景的基础。

2014年制定的基础教育国家核心课程纲领，于2016年8月开始实施

全世界落差最小的教育体制

从2000年开始，普受国际社会重视的经济合作与发展组织针对全球43国中学生，每隔三年开展一次"国际学生评量计划"[①]。

到了2018年，全球已有超过79个国家及经济体的十五岁中学生参与测试。自2000年起，陆续公布的三次评量报告，让芬兰这个看似不起眼、仅有553万人口的"小国"，跃升为国际媒体和全球教育工作者的目光焦点，原因就在于芬兰学生的整体表现太出色了！

芬兰学生们不只在阅读、解决问题能力项目上的评比排行高居不下，在数学、自然科学等项目，也和大家习以为常认定数理能力比较强的亚洲学生旗鼓相当。更可贵的是，最早OECD评量计划的57个参与国的学生中，没有通过PISA测验的平均比例超过20%，但芬兰学生受测的失败率却不到

---

① 国际学生评量计划（The Program for International Student Assessment，PISA），是由"经济合作与发展组织"（OECD）于1997年正式创立，此计划由OECD会员国参与，同时开放给非会员国参加。这项规模庞大的国际评量，每三年举行一次，针对全球参与区域的国家级经济体中的15岁中学生的数学、科学、阅读等项目，进行持续、定期的国际性比较测试研究。

5%！这种均衡的教学成果，不仅让学生得以在"人文"和"数理"两大范畴之间正常游走学习，还显示出城乡与贫富之间的教育资源与平等受教的差异相当之小！

"世界上落差最小"的教育体制评量成就，让芬兰举世惊艳！

本来大家连芬兰在哪里都搞不清楚，突然吸引了世人的好奇目光；一连好几年，世界其他各国的大小参访团体蜂拥而入，一心想要了解芬兰教育成功的秘诀何在。

一团接一团来参访，多到让芬兰教育机构应接不暇，其中西欧国家像德国、奥地利、法国、英国、西班牙、意大利、荷兰、瑞士，甚至像北欧邻居的冰岛、丹麦、挪威，以及大西洋对岸的美国等等，都派了无数的参访团来芬兰"取经"，更不用说来自亚洲的日本、韩国、马来西亚等代表团了。

看来不分东西南北、不分种族肤色，大家都急于想知道，芬兰是如何办到的？！

芬兰的教育成就始终被OECD高度肯定，绝非侥幸与偶然。

大家开始平心静气地思索，15岁的中学生要能达到良好的测试与评量成绩，需要从几岁开始"打基础"？若没有持续不断的良好教育与老师长期、良性的启蒙和培养，怎么可能在一夕之间，就能有如此出色的表现呢？

2008年2月底，美国华尔街日报记者写了一篇《什么原因使芬兰的孩子如此聪明》的报道，对于芬兰中学生的评比成果高度赞扬，让一向对教育颇为自负的美国媒体和教育学者们，也都想试着寻找出芬兰教育如此均衡的原因。

　　只是，当所有来到芬兰的考察者，发现芬兰没有所谓的"资优班"（类似于中国大陆的快班、实验班——编者注），孩子满七岁才入学，学校没有制服、没有督学、毫不标榜精英培养、考试次数不多、学校不作排名、老师不作绩效考核等等，一一打破了他们原先的看法，更加使他们好奇。

　　其实在芬兰，青春期的学生，从小学六年级起，女生们就开始化淡妆、涂睫毛膏或挑染头发，所有青少年们该有的青涩、自我，芬兰孩子都有。但师长却任其自然发展，没有人去刻意禁止、管制，反倒鼓励孩子们表现得落落大方，成熟自得。

　　这些年，我也从芬兰孩子们那儿听到、看到，也了解到他们喜欢看的许许多多美国电影、电视剧，喜欢听的流行歌曲，以及在他们中间风靡的流行服饰、电玩、网络等等，都青春十足得跟得上世界最新潮流。

　　然而，世界他国教育体系和师生群体所拥有的多种焦虑、竞逐，在芬兰却都归于最根本的人性化思维，以行之自然、不疾不徐、不争不抢的基本理念贯穿整个基础教育。在芬兰教育中，学校与学校，不会去做无谓的"竞赛"、"排名"，学生与学生，老师与老师，更不会做原本起跑点就不公平的较劲；所有的评估与考试，都是为了让学生知道从哪里去自我改进，提供日后成长的基础与学习能力进步的空间，从来就不是要去挫折学生与老师的士气，成为讥评他人落后、不长进的工具。

　　报道中引述了一句OECD派驻巴黎官员史来瑟先生的话："多数国家的教育就像是汽车工厂；但是在芬兰，老师却像是真正在开拓的创业家。"

冬季下课时间的孩子们

芬兰教育最可贵之处

记得我在罗亚镇上参观一所只有30位学生的学校时，银发灰须、和蔼温文的校长笑着跟我说，有一次来自摩尔多瓦的参访团很不解地问他说：

"那……可是，谁来管控你们啊？"

校长接着自己就笑开怀地说："谁都不会来管，我们自己管自己啊！"

当制度上了轨道，体系内的人只要各司其职就好。当世界上许多国家以"大量制造"的方式来教育下一代之际，芬兰却在几十年前就选择回归人性最基本面，不鼓励、不强调学生从小竞争，而是去启发、协助每个孩子找到自己的生命价值，同时建立可以一生追寻的正面学习心态。

芬兰人总是不断地跟我说："我们尊重每个独立自主的个体，因为我们非常需要各种不同的人才。"

芬兰建立了水准一致、免学费、提供温热午餐，以及配备特殊辅导的教育体制。这些平等、均衡、高品质、城乡差距小、学校不排名、好老师分散全国各地等林林总总因素，一起构成了芬兰各级学校之间差距小的关键。

此外，取消督学与教师绩效考评，让地方政府自治、教师自主权至上，中小学教师具备硕士学位、幼儿园教师具有学士学位，中小学生养成独立自主人格，短中长期的特殊学生教育辅导，强化身心障碍人士抚育教育，为特别的学生安排个别辅导课程甚至量身定制，高度尊重多元文化，强调重视母语与阅读等等，都成为全球其他各国日渐耳熟能详的芬兰教育特质。

　　不过，芬兰的教育专家同时一再强调，凸显优秀学生和精英教育，并不会对整体教育带来最好的结果，反而只要善加鼓励、运用资质优异的学生来帮助一般或落后的学生，使资优生了解人与人之间的差异，不仅不会影响资优生的学习，反而有助于群体社会的平等发展。同时也认为，当学校老师觉得自己拥有改变社会的能力与参与感，整个教育体系就会有向上提升的动力。因此，老师的养成训练，必须包括了解各个学生的差别与由这些差别所产生的学习需求；这样才能让教师了解到教育责任不是照本宣科上完课就好，而是以同理心爱护照顾到个别学生，如此一来，整体社会才能有消弭学习落差的机会。

　　芬兰宪法规定了人民有受教育的权利，而政府则有提供教育的义务。因此芬兰教育体制内非常尊重每一个孩子，也认知到学生的理解进程本来就不尽然相同，所以希望在正常教学时程之中，让同一课程但学习进度不同的学生，另外弹性编成不同授课班组，以因材施教的方式鼓励学生按照自身学习能力，一起迈向最终学习成果的目标。而学校内的辅导教学，就是为了让老师能在最快时间内，找出学生的问题，或是最有效改善问题的方法。

　　但芬兰这么少的课时，学校也不安排、不提倡课外补习和辅导的情况下，为什么芬兰教育的成果还能如此平均而优质？

　　归根究底，教师的训练扎实，在小学到中学阶段，把学生应该建立起来的阅读习惯、数理解析能力、日常生活技能等等，在课堂和各种多元的课程里，有系统地让学生有兴趣地了解与认识。不用靠着不断考试、反复练习而产生的填鸭式教学与压迫环境，让多数被认为非优秀的学生与家长们心生畏惧而苦苦念书。并且，芬兰教育着重理解，着重探索原理，希望孩子们透过教育，知道大部分知识的源起，学会知道要问"为什么"。他们鼓励孩子多问、多了解事物的所以然，而不是为了应付考试而反复训练，更从不教导任何快速成功的诀窍。

芬兰人深信，"基础"最重要，只有地基稳固，日后建构更高的楼层才会稳固。因此，芬兰愿意花费许多人力精力在基础教育上，尽量让跟不上进度的孩子或一时学习缓慢的学生，都能有额外的辅导、关怀和资源挹注。

有一次，在参加国际研讨会时，芬兰教委会的教育参事帕金说：

"今天的芬兰教育，是过去三十年来的成果，不是一夕间的产物。"

他随后又开玩笑地说："我们的教育改革，看起来好像什么都没有变，但其实是什么都变了。"

我深刻体会到整体芬兰社会对教育的观念都一起改变了，因为，唯有思想更进步，才能创造出新的价值。

工作时数少，上课时数也少

2008年2月，美国《华尔街日报》拍摄了一部短片，片中显示出美国与芬兰中学生间的学习成果差距。

影片中特别以图表显示出芬兰中学生成绩高低程度的落差只有4.7%，但美国学生的差距却是芬兰的6倍，高达29.1%！此外，英国的落差是23.5%、澳洲19.8%、泰国25.6%、墨西哥25.5%。

如此小的落差，大家一定充满着好奇，是不是芬兰老师把学生"操持"得很紧？课业会不会极重？每天回家的功课要写到半夜？学生是不是都承受了老师和家长很大的压力？暑假要不要去上辅导班？父母会不会跟着一起精神紧张？

其实，芬兰中小学生的上课时数，是OECD评比国家中相对少的；芬兰中学生平均每周会花上超过四小时读书的是20.4%，而美国学生则是50.8%；芬兰中学生每周在下课后平均会花四小时以上练习数学的只有2%，而美国中学生却是芬兰的七倍，高达14%；但成果显示，芬兰中学生的数学平均表现并不比亚洲国家差，更不要说超过美国了。

我相信，每个人都希望能够追求快乐又有效率的生活与学习方式。先

芬兰夏日的帆船出游

不论芬兰的教育制度如何优质，有个不争的事实是，她的教育预算与别的国家相较之下，不是相对最高的，她的上课时数是相对最少的，但却能以平衡、平等、学生压力小、教育不扭曲基本理念等成就，在国际社会教育评比上，表现突出、亮眼。

芬兰没有三天一大考、两天一小考，中学阶段也从来没有必要留到晚上七八点，更没有周末要去上学的私立学校，他们的暑假一放就是两个半月，而且少有暑假作业。我曾以为这大概是最长的暑假，但后来在芬兰小学四年级数学课本的习题中发现，有些南欧国家的暑假可是长达三个月之久呢。

在一次芬兰教育的国际研讨会中，日本教育界人士忧心忡忡地说："你们暑假放了两个半月，对我们来说，真的太长了，不可能仿效，因为我们只要一放超过两个星期的假，学校就会开始担心孩子们无法收心念书了。"有趣的是，当时芬兰地方政府的教育官员回答说："法国一度就是担心孩子周末放两天假会玩疯了，所以有很长一段时间，周六还要上学。"全场一片抿嘴的微笑。

在芬兰，中小学生放两个半月的暑假，大学生放三四个月不等的暑假，各机关人员放一个月，许多公司行号也多少会休上一个多月，不少餐馆更在夏日期间完全不开门。整个赫尔辛基市的街头人潮，有好几成是外国观光客。

到底这些假期放得多不多，长不长？他们是不是在浪费生命呢？还是芬兰人真正体会到也实践了，休息就是在充实生命能量之后再出发呢？

如果大家都能够体会到，北欧人在漫长的冬季之后，对于美好夏日颇感重视，所以渴望卯起劲来放空心灵、吸收阳光与清新空气，就能真正产生同理心，了解为什么需要放假、休息。毕竟人无法与大自然搏斗，也无法和长期积累的疲惫、黑暗抗衡，只能改变自己的生活方式与步调，为自己和群体做更完善的规划，如此，大家都能安心地去休假。

"夏天对我们是珍贵万分的，两个半月一点都不多，我们以前还放三个月呢！"另一位芬兰教育官员接过麦克风，如此答复了日本高中老师。

已经来芬兰多年的我，坐在会场后方一直点头称是，芬兰教委会资深国际顾问哈娜转过头来对我笑着说："你待得够久，绝对能感同身受。"

芬兰式的自我管理

北欧的孩子，因为外在环境、社会与教育的关系，显得格外独立自主。

芬兰学生上课，通常没有固定的时间，今天早上八点的课，明天可能就是九点或十点才上课。不仅上课时间不一，连下课时间也不会每天相同。这样的系统，始于七岁，也就是小学一年级。

大女儿六年级时，有一学期是每周两天八点、两天九点、一天十点的课；而下课时间则分别是一点、两点、三点。当时小学四年级的小女儿，则是四天八点的课，一天九点的；下课时间分别为十二点、一点和两点。她们每学期的上课时间多少会作些变动，而每一个新学年的课表也必定会调整。就算是两个孩子就读同一所学校，也不会每天在相同的时间上下学。

自从两个孩子分别进入芬兰的教育体制后，几年下来，我总是被她们不断调整的上下学时间表搞得眼花缭乱。可是，孩子们却清楚地知道每天的作息，小女儿九岁时曾经每周有三天都比姐姐早半个小时出门，她竟然没有怨声连连。俩人就这么各自算好起床、出门和上下课的时间。无形之中，孩子们早已学会充分的自我管理，当妈咪的我就在一旁看似有点失控，但却了解到姊妹俩，已经日渐把握自我管控时间与行程的能力。

大女儿六年级上学期的课表--A组学生					
	星期一	星期二	星期三	星期四	星期五
1 08:15-09:00	法文**A**	法文**A**	英文**A**		
2 09:05-09:50	音乐**A**	英文	数学	芬兰文外语课	
3 10:15-11:00	数学**A**	芬兰文	芬兰文	生物	历史
11:25-11:45	午　餐　时　间				
4 11:45-12:30	芬兰文**A**	视觉艺术**A**	英文**A**	工艺课**A**	历史
5 12:35-13:20	数学		体育		电脑课**A**
6 13:40-14:25		伦理或宗教		英文**A**	
7 14:30-15:15	芬兰文外语课	工艺课选修		数学	
				德语课选修	

注：　1. 所有课程里面标示A的，是小组别上课。

2. 大女儿的芬兰文外国语每周有两节，以学习外国语的标准来上。

3. 大女儿学校是芬、英双轨，所以她也必须要跟着其他同学一起上芬兰文课。

4. 工艺、德语、电脑皆为选修课程。

5. 上学期上生物课，下学期上地理课。

6. 芬兰各地学校的午餐时间，因为餐厅空间设计无法一次性容纳全部师生，所以学校通常会分为五六个不同的时段，按照年级依次用餐，年幼的优先。

　　这种看起来教学与课程都有点复杂的课表，却在芬兰全国各地实行着，他们对孩子自行按不同课程时间上下学，觉得理所当然并不以为意。因为，芬兰教育理念认为，这样反而能给孩子独自负责的空间与时间。

　　在学校，一个班级为了能平均照顾到每个孩子，甚至会再分成两组，以不同上课时间采行真正的小班制，让老师能适时了解、规划出适合两组

小女儿四年级上学期的课表-IB英语A组					
	星期一	星期二	星期三	星期四	星期五
1 08:00-08:45	数学A	法文			体育
2 08:45-09:30	综合学习	英文	数学	英文	
3 10:00-10:45	法文A	数学	单元课	工艺A	戏剧选修课
11:00-11:15	午　餐　时　间				
4 11:15-12:00	英文A	单元课	单元课	工艺A	单元课
5 12:15-13:00	单元课			数学	芬兰文
6 13:15-14:00			伦理或宗教		

注：1. 单元课中有一堂音乐，三堂科学，两堂艺术，一堂英文

　　2. 以下是2019-2020年赫尔辛基市学生的学期时间

秋季学期：2019.08.08-2019.12.20

秋季十月假期：2019.10.14-2019.10.18

圣诞假期：2019.12.21-2020.01.06

春季学期：2020.01.07-2020.05.03

冬季二月滑雪假：2020.02.17-2020.02.21

同学上课的时段。所以，有两组交叉一起上的课程，也有分开的课程。

　　芬兰孩子上了中学后，就没有固定的上课教室，而是采取科目制，让大家在不同的科目时间，前往不同学科老师上课的教室去学习。一整年间，还会有五到六次不同课表的机动时间，以配合不同科目老师的教学时间，以及分组上课的学习。

　　芬兰教育委员会的参事帕金在一次演讲中说："赋予自由，就是责任的开始。"

　　信任，是芬兰教育的核心价值。芬兰社会与教育不采用"防弊"的管

罗亚市的中学七年级课表范例					
	星期一	星期二	星期三	星期四	星期五
1 08:00-09:00	资讯电脑			工艺课	芬兰文
2 09:00-10:00	英文		宗教		历史
3 10:00-11:00	数学	数学	英文	健康教育	数学
4 11:00-12:00	芬兰文	芬兰文	家事经济	瑞典语	英文
5 12:00-13:00	历史	生物	家事经济	地理	历史
6 13:00-14:00	物理	瑞典语	艺术	体育	教育与职业辅导
7 14:00-15:00	物理	音乐			

注：　1. 学期时间请参照前表注2，唯整年度的中学期间，会有五个小学期的授教时段，每个新学期的课表也会作调整。

　　　2. 这份课表并未标示下课与午餐时间。芬兰学校通常每节课为45分钟，下课时间为15~25分钟，依照每个班级的课表设计、学生的选课和组别情形而有所不同。

理法则，而是选择相互尊重和相互信任为教育的开始。

信任起于自我管理，这是芬兰教育体制中一项基本概念。这项概念的基础，在于芬兰的教育体制与学校、机构都不断思索，我们应该给孩子什么样的教育？是要求学会书本的信息就好，还是要学会独立与发展出自我想法，更能进一步发展出自主搜寻、汇整信息、研讨运用的能力呢？

芬兰教育体制专注于培养孩子们终生学习的能力，而唯有一个与生活教育充分结合的学校教育，才能达到让孩子永续学习（Education for Life）的基础。教导，同时尊重孩子与个体的独立性，就能在教学中赋予孩童责

芬兰国家教育时数分配表									
科目	一年级	二年级	三年级	四年级	五年级	六年级	七年级	八年级	九年级
母语文	14		18					10	
A1 语言	--------------		9					7	
B1 语言	--- 2							4	
数学	6		15					11	
环境研究	4		10						
生物与地理								7	
物理与化学								7	
健康教育								3	
环境与自然统计			14					17	
宗教或伦理	2		5					3	
历史和社会	----------------------------		5					7	
音乐	2		4					2	
视觉艺术	2		5					2	
工艺	2		5					2	
体育	4		9					7	
家庭经济	---							3	
艺术与技能选项			6					5	
教育与职业辅导	---							2	
选修课			9						
A2 语言选修	--------------		（12）						
B2 语言选修	---							（4）	

任。今日教育让学生有独立发挥的空间，教育孩子能独立思考，自然也就希望学生能在日后展现出自我学习的能力。芬兰一再强调，只有发展出持续学习的动力与热情，学习成果才会强大、丰硕，而且无止尽地延伸。

制定教育方针与核心课程纲要的教育委员会认为，所有的学习动力，来自于个人的成就感，这其中当然包括老师！芬兰教育制度在1994年历经了重大变革之后，老师获得充分的教学自由度与课程自主权，可以自行决定教材与教学内容和进度。希望让老师有参与感、决定权，让从事教学多年的实际经验与专业素养足以发挥，增加他们为社会或学生改变些什么的参与感，激发出更好的教学动力与热忱。

这样的模式也贯彻在孩子们的身上。学生经由实作、参与、讨论、找数据、互相分组与学习，不知不觉就启动了学习的动力与寻找事物本质的兴趣。如此，孩子们的数学作业等，大多不会由老师批改，而是让学生们在课堂上相互核对答案，或是老师在课堂上讲解之后，由学生自行订正。这点或许让自小就习惯每天由老师批改作业的我们，感到困惑与不解。

比起亚洲的学校，芬兰的班级人数显然不多，但老师不批改作业，反而花更多时间准备课程、思考、休息、充实教学内容和自我研习、进修。几年下来，女儿们的习作本老师批改得少，对于这些教学文化与方式的差异，我一直相当好奇，除了想多方了解外，也反思不同思维所带来的影响。

对于芬兰老师们需不需要批改作业，我在一次研讨会中，得到了这样的解答。

特殊教育处副处长柯芙拉女士说："我们的学生本来就有答案本，自己可以去核对答案啊。"嗯，答案本，很有意思、很有深意的答复。

但随后我还是很客气地问了说，芬兰老师似乎很少花时间在许多"形式"事务上，比如说写联络本、作业批改等等。不知对方是否懂得我的问题，我也多加演绎了几句。

几分钟后，教委会的讲者们回答："我们老师的工作已经相当多了，老师花了很多时间在做课程与教学的策划，实在不需要在这些枝微末节的事务上打转。难道课程的规划会比那些更不重要吗？老师教学的目的，是带大家去寻找一个思考和自我学习的动力，而不只是帮学生提供答案。"

六年下来，从女儿读国际学校一直到转入芬兰系统的学校，我很少签孩子们的联络本，老师也不需要批示联络本。但是，只要学校有任何大小

盛夏的芬兰森林

事，老师和家长双方会随时主动联系、讨论，而真正需要签字的是学校的活动通知单、考试卷，以及学期成绩单。

其实不光是免掉了这些批改与签字的工作，我想，芬兰老师还可以更"轻松"，因为他们说联络本是让孩子自己做记录的，里面可以自行记载功课、学习进度、近来重要的校方活动等等；但这不是统一规定。家长有任何想要询问的，都可以运用联络本、电子邮件、短信，但真的不用老师和家长每天都做形式上的签字！但也或许如此，家长在通知单、测验单和每学期成绩报告单上的签字，反而显得重要而谨慎多了。

将事情交由孩子主动来动手，他们就会不自觉地养成自我学习的意愿和动力。这是芬兰教育理念非常具有启发性的特色。

老师一样好：不用评比

芬兰教育中另一项最可贵之处，就是尽可能地不比较、不评分，对学生和老师都一样。在学校不给教师做无谓的评比与评分，不给老师打考核，没有督察，也没有评鉴报告。

教育机构的官员们回答说："我们的老师，都是一样好！"

所谓的老师一样好，就是在其养成教育中，拥有完整的教学能力训练。芬兰基础教育体系的教师，不仅拥有硕士学位，更在其教育领域学习中，发展出研究、教学与思考的多轨能力。他们相信评比与评分会造成不必要的影响、扭曲与竞争，反而丧失了鼓励老师们自我充实、进修的本质与意义。而且，每个班级、每个孩子的状况都不尽相同，老师既然不能选择学生，就不需要强力去凸显自己的"教学成果"，再说，成果又如何能具体地被评估呢？

芬兰人还会反问："请问，对老师作评比的意义何在？"

这样的逆向思考，从芬兰讲求平实、平等、高品质的教育师资培养角度来说，也的确是。因为如果真的要把老师们都拉去作比较，那还真是连起跑点都不一样的"不公平"！

　　"平等、品质、公平"是芬兰教育中不断强调的。人人都应赋予相同的机会，但从不强调要赢在起跑点上！因为那只是跑百米的冲刺，而不是真实人生的马拉松；况且，谁要是在马拉松的起跑点上就争先要赢，那通常是最后的输家。

　　拉普兰大学教育系附属实验学校校长瓦拉能博士跟我说，"我不需要去管老师，老师的教学如有任何的问题，最后一定都会反映到我这里来。如果我们去管老师，所有的表面功夫，又有谁不会做呢？你要什么数据，人家就给什么。你一来，人家就做个标准模样给你看。可是那有意义吗？对学生有益处吗？对整体教育进展有帮助吗？"

　　当主管教育行政的机关，不作起跑点不公平的评鉴，而给予参与教育的校长、老师、学生同等的学习成长机会与动力养成，一起依照全国教育核心课程纲要，自行订立自己的教学目标与希望达成的效果，无形中反而更符合人性的平衡价值。

　　这个想法确实很芬兰，让习惯评比的亚洲社会乃至美国教育体制，对于芬兰的表现和基本理念都相当惊艳。也为习惯于从小到大要求品学兼优、当第一名的社会，提供了不一样的北欧思维模式。

　　当整个社会从小到大都在"比"，从学业成绩、工作绩效、职场成就等等无所不比，不管资源与人员配置是否不同，大家就搅在一起地去比成效、打考核，丧失的不再只是人心的良善与互助，更让长期社会发展趋向狭窄的功利与恶性竞争。乍看之下看似公平的能力表现评核制度，仔细推敲其实处处有着明显的不公平。而芬兰的想法是，资源、对象、起跑点都不同，为什么要比？如何去比？放下起跑点不公平与评鉴制度的不平等，人性尊严和自我实践才会自然浮现！

　　难道，芬兰老师的教学成果和是否适任等等疑问，就没有任何的评估方式吗？有的，当然有！

　　老师一年之中会与校长一起讨论个好几回，老师不仅自行制定出一整年的教学目标与教学方法，还要规划下一阶段或明年的教学计划要如何达成，总结去年之中最令自己满意的教学成绩是什么，为什么会让自己满意或不满意。校长和老师一起以每个人不同的条件与情况去评估，这就是一种对自我期许的鼓励。老师们从实际教学状况，对现在与未来有所构思与规划，再加上回顾过去教学的讨论方式，让老师自己找到生涯规划的真谛，找到自我成长、策励的动力。

　　每隔一阵子，老师会收到不同意见与满意度数据，这些是让老师们对于校方、家长、学生等各方反应有全盘的了解与省思，也知道自己教学方法和内容会引起怎么样的效果与回响。而不是以单一的"甲等"、"乙等"来打考绩，或依照人数比例分配开展绩效考核，出现总是被当作牺牲品的菜鸟，或总是轮到考绩垫底的倒霉鬼。

　　显然，芬兰体制评比老师的方式与评估孩子的模式，有异曲同工之妙。而我们评比孩子的模式是考试和分数制，对老师的评比也是绩效挂帅；最后，总是有老师和学生为了分数和考核不择手段，扭曲了原先对这份工作与学习有热情、有理想、有抱负的老师和孩子们的心态与热情。

　　几年来，我曾经好几次询问各级政府官员的考核体制，一样的是自我肯定、自定目标与标准的评估模式，这相对凸显出，标榜从起跑点去衡量，以分数至上的评判法，真是不经意间拿了同一把尺，去衡量每个不同的孩子、老师与人员。

教师，芬兰高中生的首选职业

入秋的芬兰，原先绿意盎然的枝叶，纷纷蜕染为各式缤纷的彩妆。来芬兰的前两年，秋季，总是稍纵即逝，记忆里，十只手指还没数完，气候已经急速转寒。随着季节的转变，放眼尽是萧瑟落叶。美好的日子，总在转眼弹指之间流逝。

每年十月底，冬令时一调整，所有北国人们最不乐见的晦暗灰黑十一月天，就这么悄悄然地笼罩下来。

我在深秋一个午后的酒会活动中，巧遇一位嫁来芬兰多年的台湾女士，在短促的谈话里，她问了我一些关于芬兰教育的事，她看到有些报道说，教师在芬兰是最受欢迎或最受敬重的职业，关于这一点她蛮质疑。

我问："是吗？为什么呢？"

她说："教师怎么有可能比律师和医生，来得更有社会地位呢？"

我当场有点愣住了，想了一会儿，并未即刻就此问题直接答复。

未回复的原因，主要是因为我无法在没有具体的佐证下，就响应他人的疑问。回家后，我查阅了不少资料，找到最近几年的相关报道与研究报告，尤其是先前读过的《赫尔辛基日报》国际版新闻。这份芬兰发行量最大的报纸曾经针对芬兰全国中学生做了问卷调查，结果显示，"教师"是中学生心目中最受欢迎的职业！

报道说，有26%的中学生希望成为教师，19%希望成为工程师，18%希望成为心理学家，18%希望成为艺术家。因此，教师是中学生心目中最普受欢迎的职业。虽然一个只超过受调查者四分之一的数据当然代表着还有不少人希望从事其他的行业，但能够让一群新时代青少年将教师选为自己日后的职业，已经足以让教师这项职业站上职场排行榜的巅峰。

最受欢迎或最受尊敬的职业，通常并不见得是社会上薪资收入最高或最令人敬畏的；当人们以为医师和律师"应该"比教师更有社会地位，那或许就是未读过相关报道，也未曾对芬兰这个社会中的职业和学生志向有足够的认知。

当我在芬兰各地进行访谈时，发现芬兰社会一再强调的是"人"的基本平等价值观，只要是人，都有尊严以及受到国家资源照顾关注的权利。虽然听起来都是极为理想的思维，但这个国家，就和其他的北欧各国一样，总是努力朝此正面的"人本"方向长期持续发展。

教师在芬兰，的确是相当受尊敬的行业，我在约瓦斯曲莱大学访问时，教育研究院院长瓦里亚维教授也说："和世界上许多国家相较之下，芬兰教师的社会地位与影响力是很高的。"瓦里亚维教授接下来说："教师在许多的欧盟国家，其实是被视为偏于

约瓦斯曲莱大学一景

技术学能的专才，但是在芬兰，教师的专业却足以与律师和医师相提并论。除此之外，我们的社会也赋予教师们相当高的期许和社会责任。"

"因此，从青少年对这份职业的选择来看，教师会如此的受欢迎，多少反映出我们整体社会对于教师的尊敬。"他再度强调说。

虽然在芬兰社会里，基础教育的教师薪资水准远比不上律师和医生，但芬兰普遍社会观感和我所访谈过的多数芬兰男女老少，仍然认为教师是一份有尊严、有自主权，而且很有人生价值的工作。对芬兰人来说，薪资的高低，显然不是职业选择中的首要考虑。

2007年9月，芬兰国家教委会专为日本教育界举办的芬兰教育研讨会上，主讲人库佛能博士在日本学者问及芬兰教师的地位后，作了如此说明：

"教师在芬兰一直有着承担社会心智启蒙的重要责任，因为自从芬兰独立之后，芬兰人知道唯有靠着教育，才能走出自己的一条康庄大道，并能完全独立于两大强邻之间。"

他笃实的回应，在我听来，似乎与我们再熟悉不过的"师者，传道授业解惑"、"百年树人"，甚至是"国家兴亡，匹夫有责"等等公民社会情怀，不谋而合。芬兰教育工作者，百年来就这样和整个国家民族的存续发展紧紧牵系着；而芬兰的确也在整个教育改革路途中，逐渐并扎实地让教师发挥所长，借着创造其专业地位，使社会对教师刮目相看，也十分敬重。

综合这么多的因素，才能使超过四分之一的中学生，愿意把自己的未来投注于教育这项人生志向上。

教育，一切都是为了学生

2007年入冬的11月间，我在约瓦斯曲莱大学教育主管学院与院长和一位资深研究学者聊了将近两个小时。他们都分别当过几十年的中学老师，因此实务经验相当丰富。在谈话中，彼此交换的议题非常多，不过最让我动容的，莫过于谈及老师自由度与被尊重程度的时候……

"如果教育体制对老师们有评比、考核，那会是种什么情形？"我问起。

"我们可以向你保证，那芬兰的教师必定集体罢工！大家不干了！"两位鬓发泛白的资深教育人士，斩钉截铁、摇着头很酷地大声说道。

"真的吗？为什么呢？"我惊讶地问。

"如果一个社会体制对自己的教师连最基本信任都没有的话，那还谈什么教育呢？"他们中气十足、异口同声地说着。

接着两位教授此起彼落地述说着，他们当年在教学时，所想的都是如何善待学生，怎样教导才对学生最有益处，从来不是为了要让学生或自己的教学成果拿第一，他们压根儿没想过要"争第一"、"抢第一"。

"我们所做的一切，不过是尽己所能地去教导我们所知道的；一切都是为了学生，如此而已。"他们平心静气地说了这段话。

我低头简略地写了下来，其实是为了稍稍掩饰我已动容的湿润眼眶。

"那当国际评比成绩出来后，芬兰一下子轰动了全世界，你们当时的想法是什么呢？"我定神之后接着问。

"不瞒你说，我们吓了一大跳！"

"因为，我们从来就不是为了要得第一才如此施行教育理念的。"

"几十年来，我们就是一直单纯地希望把事情做好！"

这回，我反而听得好开怀，因为每次与别人晤谈，当遇到对方愿意将个人心坎深处的想法与我分享，总是最让我感动与欢喜的。毕竟，那比所有的统计数据与数据显示，更贴近人性与事物的真实层面。

这两位学者，略带腼腆，却又诚挚谈论教育理念与心中感受之际，让我觉得何其荣幸！在最是灰暗的十一月天，却感受到人性中的"纯"与"善"。这份追求实务的真与善，以及坚持价值核心，给我上了一堂课！也让我愿意将自己的既成观念与习惯认知，逐渐换成以他们的角度与文化背景去思考教育的基本面到底何在。

重视过程胜于结果，其实，这很芬兰。芬兰人多半认定，如果过程很扎实、良好，那结果一定差不到哪儿去！因为过程的规范与制度，长久的设计、执行，要远比一味地追逐短期成效或只求第一，对每个人的人生与整体社会，更显得重要、有意义吧！

混龄教学在芬兰

　　午后的宴会上，朋友问我：“我们参观过一所小规模的学校，看到一种蛮特殊的情形，就是把不同年龄的孩子放在同一班里！”

　　我当下就接口说：“你是讲‘混龄教学’吗？”她讶异地说：“是啊！”然后看着我，好像是觉得你怎会知道咧？我笑了笑，和她们简略地说起芬兰这种教育方式的点点滴滴。

　　又有一回，我和来访的朋友说：“在芬兰各地，有不少学校采取‘混龄教学’的方式。”她问说：“为什么会有这种特殊的情形呢？”

　　芬兰人口数只有553万，而国土面积是33万多平方公里，全国各地分布有将近4000所小学，许多学校因为地理位置和人口稀少，所以各年级的学生人数少，比如说，一年级只有7位学生，二年级8位，在这种情况之下，很自然地就会采取混合式的班级，并交由一位老师来教导。

　　然而，混龄教学对于老师有着极高的挑战，因为学生能否实质受益，要看老师的时间调配、教导方式与组织协调能力。这种教学方式，对有心任教的好老师是一种非常好的训练，也能顾及到学生受教的权益。

　　对于混龄教学的议题，和我一同参加国际教育研讨会的日本中学校长，

30人迷你学校的体育馆和混龄体育课教学

也好像很惊讶。当时正在参观罗亚镇郊区不远处一中小型小学，他一听校方简报不同年龄学生混班上课，就当场瞠目结舌、满脸疑惑。

　　他和许多问我这个问题的友人们一样不解与困惑。有时我想，有很多国外的体制，或是文化背景不同的例子，那些前来访问考察的人，对于这里的体制、文化、地缘不尽了解，或只是以自己的文化与思考模式直接套用与诠释，那绝对只会一知半解，甚至是出现百思不解的质疑。

　　有时还真得要身历其境，去推敲其中的社会人文背景，才能知晓其一二，并能领会其中的道理与原因。当然，探索他人文化最大的优点，不外乎是学会了设身处地地从他人、他国的文化与历史演进角度去了解，并从中体会到了不同国家的特质，更能进一步欣赏到体制与文化中的美感与优点。因此，依课程内容和班级学生人数等进行混龄、混班式教学，是芬兰学校非常熟悉、芬兰学生和家长们也都很习以为常的模式。

然而，以亚洲国家的人口数与人口密度来看，混龄的模式或许不见得需要，但这种因地制宜的教学方式，确实能为偏远郊区的学校与孩子提供另一种蛮有弹性的施教考量。

毕竟，如果平等受教育是一切公民平等权利的开始，那教学方法与不同模式真的只是过程。过程可以有千百种，只要能让所有的孩子都有受教的平等机会，那教育体制就应该以弹性、务实的同理心，尽一己之力地挹注资源去爱孩子们。

没有后进班，只有引导班

我在芬兰东部拉彭兰塔（Lappeenranta）市一所中学和一位自称拥有"自己的王国"的老师在他的小天地里聊着。

"你看，有这样的工作环境和专业自主权，我还有什么不能满足的？"他万分骄傲地说。

是啊，他的教学空间之大，真是一处别有洞天的桃花源！教室的黑板上写着比萨店、花店、洗衣店、餐厅、快餐店等。

"这些记录是什么？"我好奇地问。

"这些商家就是班上孩子们正在实习的场所。"他微笑着答道。

"学生们去实习啊？"我张大眼睛问。

没错，虽然是上课时间，但这间硕大宽广的教室却空无一人。因为老师安排学生们到各个商家去实习，等明后天学生陆续回到教室里，再一起运用实务所学的经验来学习，并从中讨论生活里的各项课题。

校长在一旁补充说："这群孩子不太一样，他们的学习方式要从实务面上去鼓励，因为他们比较坐不住，学习进度和别的学生不同，所以我们特别设计一些可以从实践中学习的模式，并且会和孩子一起规划课程内容，从他们有兴趣的方面去着手。这是希望为他们创造出更多喜欢上学的诱因，让他们更有意愿，并充满着期盼来学校。"

　　我听着校长恳切的言谈，心里有一种平和、踏实的温暖，他说的这群学生，正是我们一般所谓的"后进生"；但在芬兰，没有人会放弃他们。不但教育体系不放弃，也期望学生不要自我放弃！只要学校和学生共同找出一种激励学习动力的生路，或许学习过程比一般学生漫长、曲折，但生命终究会自己寻觅到出口，只要给予它适当的机会和平等对待的诚意。

　　我对这位教导需要特别照料和鼓励的学生群的老师，多了一份敬意，因为他付出的时间和关怀，比一般课业老师多，但他所做的却正是芬兰教育理念"不让一人落后"（No Child Left Behind）的精髓。脚踏实地、一步一个脚印地去陪伴那一群"不一样"的孩子们通过各种学习方法，学得课

拉彭兰塔市郊中学负责移民教育
的教师

拉彭兰塔市郊中学教导移民学生
芬兰语的老师

本和生活知识的同时，建立起学生的自尊与自重。

老师和校长随后还说明，参与这项计划的城里商家，都是志愿或经过征询同意的。通过这样的学习方式，这些学生在暑假还因此比别人多了打工的机会。

这样的课程设计，从里到外，除了人性化之外，更令人钦佩。

有一次，我在约瓦斯曲莱大学的教育研究院访谈时，院长瓦里亚维教授斩钉截铁地对我说："我们未来挑战之一，还是专注于如何减少

约瓦斯曲莱大学教育研究院院长瓦里亚维教授

中辍生的比例，因为百分之五到十五的比重，对芬兰这种小国来说，实在太高了！我们承担不起这样的人力资源耗损，我们的社会不能容许这样的学习不平衡。"

那天，约瓦斯曲莱阴湿、黑暗，细雨小雪夹杂绵绵下着，我和院长谈了超过三个小时，了解到芬兰重视"弱势"学生，尽全力鼓励"后段"学生透过特别设计课程，学得义务教育中所应该传授的知识与内涵，我百感交集，至今难忘。

在拉彭兰塔看着这班只有10人的初三孩子，他们没有被社会和师长遗弃，反而享有更多的教育资源和社会关怀。除了有一间属于自己班级独有的广大空间外，还有一位乐观、灵活、懂得特殊教学的好老师带领。

　　虽然他们在重视以考试或分数比高下的社会里，可能就因为"游戏规则"不同而玩不过"好"学生，但他们一生中最重要的启蒙、学习阶段，却因为芬兰老师更多的爱心与耐心，以及更实在的教育方法，而能获得较为真实、无憾的成长。

芬兰，为什么要讲"不让一人落后"

我在芬兰东西南北大城小镇的奔波访谈之中，每回都能听到第一线的教师以及各专业领域教育研究机构的学者们，一而再、再而三地强调：

"我们这样的小国，不能容许社会上出现学习落差与失衡！"

这样的观念与想法，在芬兰果真是说到做到。每回忆及那一张张恳切、真挚的脸庞，总会触动我心深处泛起一阵阵无可平息的感叹与涟漪。脑海中好多个画面不断涌入，因为想起了所谓"后进班"的孩子们，小小年纪就已被贴上标签，有哪些是心甘情愿地被归到那一类？有多少是制度和师长先放弃了他们，让他们也逐渐产生了自我放弃的心酸？如果是制度先放弃了他们，而又期待他们能自谋生路，岂不是把教育的义务和日后社会可能要面对的矫正成本，一股脑推向全民去共同承担？

愈想，愈是心中一阵颤动与鼻酸。

想起一位全家从美国调派回台北的朋友，有两位学龄孩子的她，说从外生活了六年之后回台北念中学三年级的老大，几周后，平均成绩竟能维持在全班的中上程度。她本以为，这孩子适应得真好，也可能是自己在海外辛勤教导的中文小有成就。但她后来发现，孩子在班上成绩维持中上的一个主要原因，是因为班上有一半的孩子，早已自我放弃了。

看到她如此述说着，我心一沉，双眼泛红，想到我们究竟是从什么时候开始，就这样牺牲了一批又一批原本还充满学习希望，未来可能另有所成的孩子。而我们世世代代的家长、社会与学校，竟成了间接的"刽子手"，活生生养出一批书读得好的学生，去取笑别人不会念书、不爱念书、没有出息！

家长、老师、校方间争相较劲，标榜着孩子"榜上有名"就是最大成就、祖上积德。可是，那些被贴上"祖上没积德"标签的另一批孩子呢？社会和学校给了他们什么支持和资源？因为他们的学习力比较弱，或是学习能力开发的速度不同，就是活该，是报应，是不听话，是不认真？

是谁真正使得他们自暴自弃？整个社会和教育的既得利益者，难道没有丝毫的责任？还是多半只是在一旁窃喜这些"后进生"不会和他们竞争了，所以不妨三不五时地也奉上几句讽刺话，说笨啊，说不行，说差劲，说害群之马、拖累全班，害学校的升学率降低，让老师和校长走路无风？大家可否曾想过是什么原因放弃了他们？如果社会是环环相扣、相互依赖，如果职业是不分贵贱，教育是有教无类，那，我们做到了多少？

是"唯有读书高"的观念造就了评断学生"行"与"不行"的标准，在小小年纪就要被贴上"好与坏"、"优秀与落后"、"聪明与愚昧"的差别标签吗？

我从来没有想过，"有教无类"与"因材施教"，这千百年来对我们再熟悉不过的教育基本理念，却在北欧国家扎扎实实地付诸实现！芬兰只有一句"不让一人落后"，而真实去执行之后，却一直还总觉得仍有许多不足之处并自我激励。

它在芬兰，真的不是一句口号。

对我们来说，过多的教育理想、名词、标语，总是停留在口号与高调阶段，更多时候像是歌颂诗的填充词。然而，芬兰这个苦命的国家，从独立到二战的磨难与生灵涂炭，已然让一代代的芬兰人清楚明白，唯有扎实、平等的"教育"，才是使得社会和人民走向独立自主的最大资产。

"二战"期间与战后，芬兰人共享了荣辱起伏，是"全体芬兰人"一起保住了这个国家，不是位高权重者，更不是精英分子才是得享权利荣誉的人。他们一再告诉我，过去所走过的历史和世代累积的经验诉说着，如果一个小国的社会里，再分黑白，再分阶级上下，再分族群你我，那芬兰永远不可能抵挡得住别国的进攻！

从独立之初的内战到"二战"，让芬兰人相信了社会和族群不能自我区隔，只有充分落实教育与生活上的平等精神，小国才得以生存和长期发展。就是由于这么执著于这个道理，才长期地在全国各地各校，对于需要特殊辅导教育的学习缓慢学生，投入不间断的关心和教育资源。

芬兰着重起跑点式的公平，以及对"后进"和"弱势"学生投入更多的心力，这与我们一向只注重、看好"优等生"的心态截然不同。但芬兰实实在在地不放弃相对弱势的孩子，却成为芬兰教育被全球评鉴为最平衡，以及受测学生通过比例最高国家的最关键因素。

这种不断强化教育、辅导学习能力低下孩子的教学，是一项耗时费力，并且需要庞大教育资源的工作，芬兰政府在各地学校中，从零年级到九年级，都是不断地投入与深耕。

在芬兰住了六年，我深刻了解了这种思维的根本精神，也想起过去住在西非洲落后国家的岁月，那里大门、栅栏必须时时深锁，依靠24小时警卫，为自己和家人筑起一道道的保护墙；因为当地社会的贫富与社会阶级的落差太大，更因为教育水平的差异悬殊而造成一代接一代的恶性循环，富者越来越需要把自身和整个社会阻隔起来，而墙外的落后与混乱，也就一直不断地成为发展和治安的致命伤。

那一道道的墙，所图的不过是一份安心，冀求着最起码的生存；这是一种对于大环境无可奈何的因应之道。但北欧国家的社会，所秉持的就是"唯有大家都好，社会才会好"。

既然每个人都是这个社会的一分子，就没有人可以自我放弃，更没有人有权利去决定哪一些人是可以被放弃的，尤其是还在成长中的脆弱孩子们。

国家与孩子的未来，唯有重视尊重人本价值的"众生平等"教育观念与长时间实实在在、点点滴滴的用心扎根，才会真的成长茁壮。如此而已。

零年级，不需要"赢在起跑点"

人生是一场马拉松赛跑，还是只是百米冲刺？

要想"赢在起跑点"，那就跑不成马拉松，因为需要调整步伐、调匀呼吸、自我激励的长程赛跑，不能只看重起跑点。如果只想跑一段短程，赢了一次就差堪告慰了，那或许"赢在起跑点"还有点意思。

可是，人生漫漫长路，考试考得好、学校考得上，总是短程冲刺的意味浓厚。人生在进入与离开学校前前后后的漫长岁月里，真的就只是小冲刺，还是可以学会终生学习呢？

在芬兰，有的小学前两年会让学生分成三年来读，也就是所谓的"零年级"。或许有人会反问说："小学一二年级，有什么好磨其至留级的呢？"

七八岁间的低年级，到底重不重要？或许，来自亚洲的我们，认为这阶段是要去"赢"的起跑点，学习被认定越早越好。但是，芬兰人却认为一切人生事物最重要的启蒙，就在这个基础阶段；有好的基础，房子才能盖得牢靠与长久。所以，他们认为这个阶段是人格养成的最重要阶段，急不得。

芬兰孩子满七岁才入小学，比起大多数国家都来得晚。就读小学六年级的大女儿多数同学的年龄，在台北已经是中学一年级了。芬兰的研究与教育单位认为，七岁的孩子，就心智与情绪各方面的发展相较成熟，比较适合开始进入小学。但如果孩子尚未准备好，学校和相关的学前幼儿园（Preschool）老师，会与社会福祉人员一起鼓励父母让孩子多预备一年，就是以三年时间读完低年级，不然就是向政府申请将孩子读幼儿园提早一年，成为两年的学前教育。

为什么会有这种看似"延缓"、"推迟"或是"筹备"孩子学习光阴的教学观念呢？因为，芬兰教育者认为，孩子在10岁前是一切学习态度养成与阅读习惯建立的基础阶段。如果能及早在各方面多加察觉到需要特别协助的孩子们，并配合他们的特别情况设计出适合发展学习能力的课程，即使是多了一两年时间，但日后整体教育需要再为这些孩子所付出的额外辅导与附加挹注的资源，就会相对降低。

这些需要多一两年学习的孩子，有的不外乎是过动儿，有的则是在语言发展、手脑肌肉协调运作、群体互动、情绪管理等学习能力上，需要多加关注与辅导。总体说来，就是这群小朋友在某些层面上尚未发展妥当，而不足以适应小学一年级的所有课程。

芬兰学校附设这样的班级，通常会称之为开启班或预备班。这样的方式在不同的郡市镇里，会以稍有不同的模式进行，无非就是希望能让基础教育在不同学习能力的学生群当中，打下良好的根基，实实在在地去协助、辅导每一个需要特别照顾的孩子，将我们认为的不必要、不可能，努力去转化为无限宽广的学习能力发展，为每一位孩子搭起人生桥梁。

我在芬兰西部土库的一所中小学综合学校里，就看到了这样的特别班级。全班不到十位小朋友，配有一位专业、耐心的年轻老师，还有另一位开朗活泼的实习老师在旁协助。教室里布置得温馨、缤纷，老师在黑板上细心地教着母语的发音与音节，或坐或趴在地板垫子上的男女生们，七嘴八舌地学讲着。这里像私塾一般的辅导教学模式，让我为这些孩子们的福气感佩不已。

同样的场景，如果搬到被认为从起跑点就输掉的孩子身上，如果他们出生在我们只重视赢与分数的社会中，我想这批孩子，不用到中学三年级再来放弃、中辍，可能小学四五年级就会被贴上标签而"弃置"了。

芬兰如果没有这样从起跑点上关注"弱势"的辅导制，以及实时发现每位孩子需要特别辅助改善之处，那芬兰孩子们的学习优劣差距必然不会如此之小，全球中学生评量的PISA测试成绩，就不会如此平均、优良。

记得多年前，我在台北东区带过由几位小学五年级孩子组成的英文班；当时，这些孩子的妈妈，因为孩子们的英语能力远远落后于班上同学，所以焦急不安地想要寻求进步。我当时认为，这年龄的英语，没有理由学不会，不是学校班上孩子的程度落差过大，就是学校教学的速度太快，或是班级人数过多老师无法拨出充足的时间，去协助和等待每位孩子。

这几位孩子，不到一学期，成绩都明显提升，我看到他们的进步与自信增强，从先前的害怕到能够轻松以对，简直就是所有做老师的最佳成就感。现在身为两个孩子的母亲，我是真的认为没有完全不能教的孩子，只要有愿意给孩子希望，以及耐心陪伴、等待他们的老师、学校与社会。

芬兰的教育，当每个孩子都是心肝宝贝，就像是父母一般，对于任何一位成长进度不同，甚至有些迟缓的孩子，绝对会多一份关爱、照顾与鼓励。在适时的当口上，拉他们一把，在后面当成推手一样地时时鼓舞他们。

人生其实最像一场马拉松，一再强调孩子要赢在起跑点，却没有适当

土库市高中的化学课堂

土库市小学正在教导零年级生的老师

地去发掘每个孩子的差异、天分与资质，那就是鼓吹每个人用冲刺的方法去长跑！赢了起点，却会在中途把气力和耐力用尽。即使一开始跑在前面的孩子，他们的动力如果无法来自自身，而是来自社会与家庭的压力和期望，那人生从小就少了自发性的热情，最后还是无法将人生马拉松跑得精彩、完整。

而启动每位孩子那颗学习的因子，让学习能力不同者都能获得不同的关注，是芬兰教育深信不疑的信念。

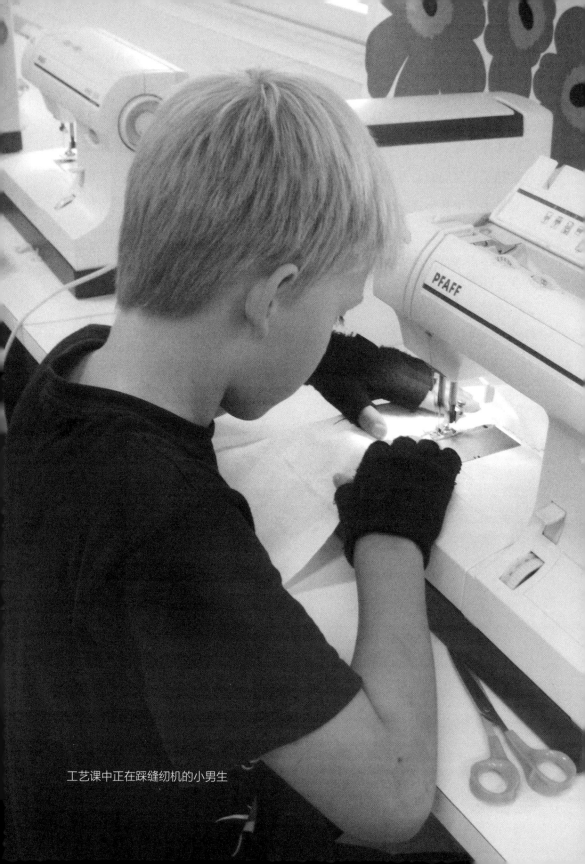

工艺课中正在踩缝纫机的小男生

Chapter

芬兰的基础教育

通识教育的开端

芬兰拥有全世界学生落差程度最小的基础教育制度，但除了其独特的小班制教学、补强教育、长短期特殊辅导、个人课表设计、优异师资等之外，基础教育传达了什么样的"森林全貌"，实质教育内涵又有什么独树一帜之处呢？

母语文

语言，是自我表达的基础，也是建立自信的开端。芬兰认为，孩子一出生，就开始学习了，所以有什么课程比母语更重要呢？

因此，芬兰教育非常强调"语言"是建立通识的第一步，而母语是所有学习的根本与基础。学龄儿童可以依其出生背景，自由选择以芬兰语、瑞典语、吉普赛语、手语、原住民的萨米语等为母语。

母语文课程包涵了对语文的认识，小学一二年级必须上满14节课，也就是每一学年平均每周有7节。

三至六年级的四年间，略递减为平均上满18节课；随着年级升高，因为选修其他外国语言课程，母语文就逐渐递减为七至九年级的三年中，平均上满10节课。

第二官方语言与外语

通常各学校自小学三年级开始，加入第一外国语课程；目前英语是大多数学校的首选。从小三起的三至六年级间，第一外语课必须上满9节，其后调整为七到九年级间的平均7节课。

学校可以从小三起，依当地政府与学校决定是否多增加另一种外语作为选修课。

俄、芬双语学校的英文课

第二官方语言，瑞典文，六年级两节课，七至九年级四节课。对于母语为瑞典文的学生，芬兰文则为其第二官方语，开始的年级依各地方政府与学校决定。

对于学习语言兴趣浓厚的芬兰中学毕业生，必修与选修，可多达五种语言。而一般学生，也至少会有三至四种语言学习的机会。因此，语言的学习，不论是母语，还是外语，在芬兰基础教育的课程时数中，都占了相当大的比重。

数学

数学这门课，对亚洲学生来说，是最熟悉不过的。芬兰与亚洲数理学习成果最大差异之处在于，芬兰孩子极少需要下课后额外去补习数学。

韩国国家教育评估机构洪博士语重心长地跟我说："韩国学生的成绩，是靠着持续不断的私人教学与补习。"

然而在各项研究与报告中显示，芬兰中学生每周花在数学的时间，只有不到韩国学生的一半。芬兰学校提供的数学教育，却已然达到与亚洲国家旗鼓相当的成果。这种标准的事半功倍法则，令日韩美英德等各国人士，啧啧称奇。

芬兰基础教育的数学学习时数，是从小学一、二年级的每学年6节课，到三至六年级的平均上满15节课，其后则在七到九年级时平均上满11节课。

芬兰核心教育课程纲领界定，数学教学目的，主要在于发展学生运用数学所启发的思考、概念理解与问题解决能力。

环境与自然

环境与自然课涵括了生物、地理、物理、化学和健康教育等领域的初步介绍，让孩子从小便开始认识自然界、生态、环保等概念。希望建立学生对于自己与他人，乃至全人类生物多样性的认知，且对卫生健康以及疾病医护都能有所认识与了解。

小一至小六，会对《环境与自然》做概括式的介绍与认识；随后初中三年，再分科为"物理"、"化学"、"生物"、"地理"。

生物

生物课，是为了探索生物之生命历程及活动现象，协助发展孩子们对自然科学的基本思考。老师也借由实地观察自然的学习与认识，让学生对生态环境的发展、保护与生命各阶段的成长都有所认识。

地理

芬兰教育理念里，十分强调"跨学科"之间的关联与国际化的概念。

地理课不仅认识芬兰，也扩及整个欧洲到世界各地；地理课程内容注重了解整个世界地理。孩子们不仅因此认识到自然界的丰富多元，以及世界各地的地缘环境，还要学会去欣赏多元地理区位的差异，更开始对于跨文化差异有所尊重与包容，并对国际化有所了解。

初中开始的地理课程，则是希望能为自然与社会搭起通识基础的桥梁。学生从相互配搭的课程，认识全球自然生态、文化、社会和经济现象之间的关联，以及对这些关联的起因有所了解。

芬兰学校到处可见的学生习作海报：认识世界与欧洲

所以地理教育不再只是记忆哪条河有多长、哪座山有多高，而是希望学生日后能成为一位活跃的全球公民。除了要学生对自己的国家与环境能有深厚的认识外，还要使学生了解并致力于推动人类与环境的永续生存。

一旦学生从小就了解世界上有哪些需要关注的重要议题，就会自然培养出持续关怀自然与人类活动的胸襟。

物理与化学

"物理与化学"课的课程设计是希望鼓励孩子们了解美好环境和安全环境的重要性，让他们对于环境有责任感，以及学会如何处理与环保有关的物理和化学知识。

　　初中阶段，课程重心在于发展学生的实验能力与相互合作习惯，并鼓励学生对于物理学科产生兴趣，了解物理与科技在每日生活居住环境和社会发展中，所扮演的重要角色。所以物理课是帮助学生发展理性思维与客观认知的科学人格特质，希望发展学生对于环境保护与能源、资源使用的抉择力与评断力。

　　化学课的终极目的，则是希望学生能在不同的生活情境中运用化学知识，不仅去了解化学在社会、居家环境和每日生活科技中的重要性，也有能力去做决定与讨论。课程通过大量做实验来观察、研究物质所产生的现象与日常居住环境的关联。

化学课：正在讲课的中学老师

物理课：正在做动力实验的中学生　　物理课：正在做实验的中学生

健康教育

这是一门以学生为主体的课程，老师会从孩子或青少年的生活各个层面开始，和学生一起了解人类生命周期每阶段的现象与面对方式。学生更从生活方式、健康养成、疾病认识、个人社会责任等，综合认知如何对自身与周遭环境的健康负责。

大女儿开心地对我说，健康教育课让她们学到很多生理知识。这也让我了解到这堂看似普通的个人卫生冷门课，实际上成为了学生探索自己的身体、心理以及社会相处能力的"通识型"课程。

自从大女儿的学校教导成长中的孩子每天所需卡路里之后，两个女儿便每天吱吱喳喳地讨论进食食物的营养值是否足够。

尊重多元的开始

整个"通识教育"概念，就是借由学科与学科之间的相互贯穿、连通，让理化与身心卫生，都可以融合在基础教育里面。孩子们先在小学六年之内，看到了整体基础知识的一座"森林"，到了初中三年，这些学科才逐渐分成独立的课程。

其实芬兰学生们从基础教育中，不只整体了解了生物、地理、物理、化学等等之间的整合式概念，连家庭经济课（家事教育）、体育、社会伦理学科，都逐步建构相互关连，而成为网络状的通达式学习环境。学生不会只知其一，而是自然而然地在一门课程之中，被导引连结到其他学科的学习。

所以芬兰基础教育，是着重实际、实用、整合各个面向，而知识与教育更必须结合日常生活、成长环境、生命经验、所在地与全球关联性等等；再配合对实作、实验的重视，让学生既均等又平衡地学习各种学科。

"宗教"或"伦理"

芬兰从小学低年级开始修"宗教"或"伦理"课；没有选宗教的，就会去上伦理课。

宗教课程的内容很多元，伦理教育更会引导学生认识宗教与人生。但无论是宗教，还是伦理，都不是狭义地只介绍宗教或伦理，而是广泛地探讨与认识各类宗教的核心价值和人类的心灵需要。

学生除了认识自身与家庭所持守的宗教外，更从课程中知悉建立了宽广的视野与良好的社会道德。

宗教对于人类文明的发展有深厚影响，所以芬兰学生不只要认识自己国家最普遍信仰的基督教路德教派的教义，也必须了解到其他各种宗教的精义，与不同文化背景的宗教观。

课程内容，特别注重宗教所影响的芬兰社会的精神价值，并希望能增进孩子的世界观、生活哲学观；而教师借着和学生的经常讨论、不断反刍去讨论各种与宗教有关事务的理念及价值。

两个女儿在不同的学校，小女儿上的是宗教课，大女儿则选择要上伦理课。上宗教课，是因为学校里以英文为主的学生够多，可以单独组成以英文教学的宗教课。而上伦理课的大女儿，则因为学校所开设的宗教课老师以芬兰文教学，所以她选了用英语上的伦理课。但不论是宗教或伦理，她们都很欢喜探讨生命的价值，并学习认识多元的社会。

开阔与内外兼具的视野

历史课

新课纲中，小学四年级可以开始上历史与社会课，从史前开始探索各个古文明的兴衰起落，也逐渐涉及到北欧地区的民族迁徙与历史沿革，循序渐进地让学生了解东西方文明递嬗的轨迹。

希望以长远眼光、开阔心胸的教育理念，让学生了解，人无法自外于世界，国家公民也必须是全球社群的一分子。

社会

从个人与社会人文层面，把社会这一科目的基础概念和学科范畴，以全貌式的教学引领学生逐步去认知。

学生会从中了解公民的社会责任及社会各阶层、各层面的生态，学习相互尊重的重要性，以及实际生活中会运用到的各类常识。

体育课

新课纲中的体育课是：一至二年级两节课，三至六年级九节课，七至九年级七节课。

芬兰学校一般都有室内体育场，依照学校的规模大小，有些学校或许会有足球场，但不见得都会有我们习以为常的露天操场，毕竟芬兰最好的季节是暑假，一放就是两个半月。所以漫长的严寒秋冬学期之中，反而需要装设有暖气的室内运动空间，让学生们在五六个月的严冬，仍有适合的运动场地去保证有规律的课程。

依课程计划，除了利用室内体育场外，随处可见的森林绿野与公园都能成为体能课的腹地。而短暂的春夏之交，就是师生户外教学和踏青的最佳时机，冬天则成了滑雪和溜冰课的天然体育场。

体育课除了各种球类运动的接触练习之外，其他跑、跳、掷、律动、舞蹈等等全都设计在课程内。而户外进行的溜冰、下坡滑雪、越野滑雪、冰上曲棍球等，以及邻近社区室内游泳池进行的游泳、跳水、水上救援等课程，都让学生乐此不疲。更奇特的是芬兰从

赫尔辛基小学四年级学生会受邀参加国庆节的市长舞会，这是体育课上学习各式舞蹈与成人礼仪

小学三四年级开始，会教导学生使用地图和指南针，让学生从树林区域里，寻觅辨识方向与路径走回学校，即识途课。

其实，冬季运动对芬兰和北欧孩子们来说，是基本功。芬兰人热爱运动，各类运动都会去尝试，并从中找到终生适合的兴趣。

教育与职业辅导课

这项课程，是希望学生逐渐了解个人的学习能力，也认识社会中的各行各业，为往后的人生发展出必要的自我充实技能。

这门课程在小学间，依照不同学校与当地政府的课程表，逐步为学生介绍各种不同的职业类别，而课程内容的设计，是让学生尽早明白自己和家人所身处的社会，包含着各行各业，也鼓励他们观察、了解周边环境所出现的各种行业。

初中时期的两年教育与职业辅导课，是让学生了解教育和人生的相关性，并认识各职业的工作概况与技能需求，对于初中后的人生选择，究竟是要进入普通高中还是职技教育，能有基本而广泛的认识。

精彩、平衡的人生路

音乐课

曾经，芬兰的音乐课不过是"唱游课"，经过几个世代以来的教育改革，芬兰才回归到最基础的"音乐课"定位。

课程中协助学生熟悉各类型的音乐，从不同的学习与欣赏经验过程中，找到自身对音乐的兴趣。让学生广泛接触各类型乐器和歌唱，鼓励学生在了解音乐之余，想一想自己将来是不是有从事音乐活动的兴趣或特质。并且启发他们试着以音乐方式来表达自己的情感，从而辅助学生了解如何借着音乐与自己相处，协助他们在音乐世界里，让心灵健康地成长。

希望学生可以学会对音乐的欣赏，无论是古典、流行、摇滚、重金属等都好，所以不仅是器物或技术层面的教导，而是在接触各式音乐的探索过程里，让学生学会尊重与欣赏多元音乐表达形式，探索自我兴趣，养成人生在音乐艺术上的开放态度。

女儿们在这几年来的音乐课里，从古典音乐到流行吉他弹奏，从爵士鼓到钢琴、电子吉他、芬兰民俗康特勒琴（Kantele）等等，都一一有接触到。

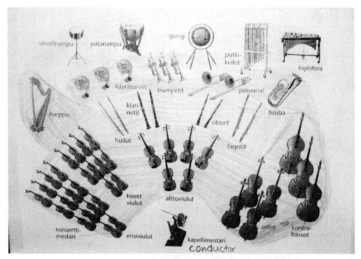

大女儿的音乐课讲义，介绍古典音乐及交响乐团配置

小学六年级的音乐课

视觉艺术

发展孩子们的视觉与艺术思考，是这门有关视觉、艺术、设计概念课程的着眼点。它不只是美术课程的绘画或雕塑手艺等等，还包含视觉表现思考、艺术与文化认知以及环境美感与建筑设计、媒体与视觉传达等更深层的人文意涵。

这样丰沛的学习模式，就是希望培养学生广博、平衡的视觉概念与思考习惯，以及对于美感与道德观的概念认知。学生除了能够动手创作表达自己想法与观点的平面或立体作品，还能体验视觉艺术在社会的文艺、传媒、建筑与人类环境中，所扮演的重要角色。

为孩子们创造一个属于自己、了解群体的艺术赏析关系，让孩子能自我创造视觉表达的能力，并能同时赏识世界与芬兰的文化艺术，从而爱惜本国与国外文化，更知道如何从现代视觉观点去看过往与未来的世界。

工艺课

芬兰的男女生，从小就开始一起学着打毛线、踩缝纫机、运用锯锤砂磨、拼制电路，这成为芬兰教育中最注重基本与实用，且最具有两性平等意义的象征。

这些课程让孩子们一一从实作中，完成一项接着一项的工艺品，还真正学会生活里最需要的DIY技能，让原本就没

工艺课：老师正在教孩子们编织

中学工艺课中的木工课

有阶级的平民众家子女，学会最生活化、一生受益无穷的自我照料本事。

　　一代接一代的芬兰孩子，在基础教育的各个阶段，实实在在走过这些无分男女、不贴性别标签、摒除贵贱贫富的工艺课程，不仅在往后的人生年岁里，可以运用学校里真刀实枪学到的技巧，打理自身生活与居住环境里的大小杂事，也带动职业技术教育的学生，通过更专业的学习，把原本已经在基础教育就学到的技能概念，进一步发挥出来。

　　这种同时了解技艺、文化、素材、环境和各项因素相互依赖性的训练，让孩子们有系统、持续性地借由各类工具与材料，独立或合作完成学校的工艺作业，更开发了学生的创意启迪与解决问题的能力，并且增进手脑协调和强化肌肉动能。

　　芬兰学校一直都有自由选修各类艺文与工艺课程的弹性；七至九年级间，音乐、视觉艺术与工艺课分别各有两节必修课，此外在这三年间，学

家庭经济课上的中学生练习炒菜

罗亚市中学孩子在家庭经济课制作
的糕点

生还有五节的艺术与专有技术课程可选择。孩子们在小学期间木工与手工技能已有一定水准，所以课程中希望能有更多的时间，让学生发展出因应挑战性作品的能力。

家庭经济

这门包罗万象的家庭经济课，从初一开始。

这堂课中，学生会逐渐认识各类食物与食材，以及各种食物的营养价值，当然也包括舞刀弄铲、烘焙制作、煮饭炒菜等实际动手活动。

课程还包括认识一个家庭的基本经济与预算概念，如何计划性地购买物品、如何处理与分类洗涤一般衣物、如何照料和清洗特殊材质的衣服、如何正确使用洗衣机和洗衣剂、如何整理家务和房间、垃圾的分类处理与丢弃等等。

当然，最重要的，还有教导学生关于正确使用金钱的观念与储蓄、理财，是一堂相当具有实用性的课程。

真枪实弹的生活教育

　　我在芬兰不同的城镇，无论是大规模或小型的学校，所看到配置给家庭经济与工艺课的教学设备和器材，一点都不含糊！不仅完善俱全、整洁新颖，还非常重视学生安全防护的配备。当我看到小小年纪的学生实地操作各类器具时，不禁赞叹连连！而且这些课程，丝毫无表面文章之意，样样都是玩真的。我看到老师们总是脚踏实地地在教，学生们也实实在在地动手体验，一点都不造假，或由他人代劳！

　　一群学生共同炊煮饭肴，兴高采烈地男女生一起洗手做羹汤；而该去踩缝纫机织布缝衣，或拿起两根长针织毛线时，一样不分男女地"打"成一片！或是在用电气锯子切割木头时，平常外人看起来有点娇柔的小女生们，可一点也不比男生们生涩、惧怕，护目镜和耳罩一戴，俨然一副木工师傅的架势，又锯又钉又刨的。当男生打毛线、烤面包之际，也没人会说这是女生的事，在厨师成为全球热门行业的今日，许多芬兰男生深感庆幸，真心爱上这门课！

　　工艺与编织、家事与厨艺，一切生活与生命中最真实的事情，就在孩子们双手亲自去学习的几年之中，点点滴滴地灌注在他们的血液和基因里。

小女儿的工艺课

没有家长们的操心、代劳、干预，既不会马马虎虎交差了事，也不会自欺欺人地由亲友偷偷代为动手。

我看到小男孩们在缝纫课堂上，乐在其中。听到老师们很欢喜地说："男生们可真爱踩缝纫机咧！"

我忍不住问了句："为什么呢？"

老师们更开心地回答说："因为缝纫机是部机器啊！"

下课之后

2011年，芬兰更新原先基础教育法中的课前与课后活动（Before & After School Activities）法规，规定学校或学校附近的机构，于学年期间的每日上午七点到下午五点间，提供三或四小时的活动，全年提供570或760小时的课前与课后活动，每月收费最多以120欧元（570小时）—160欧元（760小时）为基准，费用可依各地区与活动时间长短而有不同。

这是减少或避免低年级孩子下课后，面临必须独自回家的危险，也是为了让父母亲能放心工作。此项计划一经推动，在全国实行。

活动的设计，主要是让孩子们玩乐、休息、从事创造性与启发性的活动，并提供舒适的环境给孩子做功课，与学校共同合作的机构则会提供相关的体育、绘画、语言、音乐活动或课程。

至于其他年级的芬兰孩子，多数不是自己回家，就是会在课后去上一些自己感兴趣的课，其中有舞蹈、艺术、音乐、体育、育乐等。这些大多不是由学校提供，而是交由当地政府或私人活动机构长期规划配合的。

这听起来有点像我们俗称的"才艺班"，但在芬兰或西方的说法是"兴趣"，也就是人生的兴趣与嗜好，像是一种可以让孩子终生受用或热爱的事。

下课休息时间的芬兰学生们

芬兰孩子的"兴趣"不少，因为芬兰人相信，孩子总应该要有一两项
感兴趣的事情或活动，那是对于生命与生活周遭事物探索的基础，也是能
度过漫漫冬日的润滑剂。因此，下课后，大多数的孩子会离校去从事不同
的活动，或去上不同的课程，不论是音乐、运动、艺文类等等。

英文是怎么教的

有一回，朋友问："你知道吗？我们去参观一所小学，问老师，到底学生怎么学英文，你们如何教英文，老师竟然说她不知道！"

嗯，这个问题，我有自己的观察与说法。

很多事物，对某些人来说，理所当然，只要平平实实地去做就对了，并不会特别去思索为什么会如此。而教学效果到了一定程度时，就以既定模式持续教导着，不需要再了解为什么要这样教，会产生什么效果。直到某些局外人问起，才一语惊醒梦中人，而一时之间答不上话。其实这很正常，更何况芬兰老师本来就可能没想过自己有什么特别秘诀！

我又想起，有一回台北媒体来访，在学校访问行程之后一位女士跟我说，她问起学校的英文老师："请问，你们英文是怎样教的？"老师竟说不出个所以然来，只回答："就是这样教！"

我们一定都渴望听到什么秘诀与诀窍，最好来个一二三必胜法，或是如何在五天内学好英文等等。但是，芬兰教育体系的语言教学之所以成功，不是方便面式的一蹴可就，而是经历过教学理念和教学方式的重大演进与长期变革。

曾经，芬兰的英语教学，是以语法、词汇和翻译为主，学生学习的东西不符合日常生活需求，不仅过于着重读与写，还忽略了一般最常需要使用到的口语演练，也未着重于学生对整体外语生活环境的认识与听力训练，无法以耳濡目染的方式达到接触语言信息的效果。

芬兰的教育改革，对于语言教学与学生学习方式的改变，绝对是最值得关注的重点之一。改革的方向打破了以往过于着重语法、词汇记诵的方式，改以充分地让学生进行听说的演练，再配合读与写。

当然，师资培训的方式与教育改变了老师的教学模式与心态，施以持续的师资在职训练，另外再配合教科书出版商随之调整取材与编辑方向。从教育政策、教学概念、教学方法、教学材料、教师训练等，整体共同良性循环的改变，花上了不少时间与精力；但确定方向后，努力走下去，就走出芬兰在英文及其外语运用能力上的一片天。

此外，芬兰不论最大的国营电视台YLE还是民营电视台，播出各种外国电视影片时，都不会专门配上芬兰发音，而是原音播出，同时打上芬兰文字幕；不仅让芬兰的孩童与青少年可以在观赏电视时，听到地道的外国语音，更能看到与学到芬兰文字。

这项外国影片不配音的决策曾经引起广泛的讨论，但最后决定性因素是考虑国家人口少，配音的成本实在太高，不符合影视经营成本效益。

所以，除了少数针对幼儿和儿童的趣味性影片外，各类进口的外国电视节目都维持原音，再配上芬兰字幕。来芬兰考察、采访的专家学者与媒体，都认为这项决策对于芬兰近几十年来外语学习的辅助效果非常大。

当然，更多人认为网络与电玩的兴起，以及国际化的因素，加上英语使用已遍及全球，对于芬兰这几年新生代的语言学习，也提供了相当程度

的启发。多次参访中，我看到现阶段芬兰学校的英语上课方式，综合了CD
或录音带的使用、聆听故事、齐声朗读、游戏设计、话剧演出、唱歌练习、
分组讨论与相互对话等。来芬兰的头两年，自己曾在赫尔辛基大学上了好
一阵子的芬兰语课程。学了一两期之后，就跃跃欲试地想要练习自己的芬
兰文，所以当陪女儿们在音乐学院里，或是看到在上游泳课的芬兰孩子们，
我就心痒地用芬兰文问："你几岁啊（Kuinka vanha sinä olet）？"

他们一边想，一边扳起可爱的小手指头，算了算之后，竟都以英文回
答我："Ten！"或是"Twelve！"

我惊讶得笑不可抑，也和他们开心地，又是英文又是芬兰文，聊了好
几句。

后来我想，这些没上语言补习班学英文的孩子们，只有在学校的语言
课程，或是在日常生活里的电视、电玩、电影中学了一点，却能将所学很
自然地运用上，真是不简单！很可能老师跟孩子说，碰到外国人，别忘了
说英文喔！看来，老师的适当启迪和正确鼓励，发挥了一定程度的影响力。

我终于抓住了一个机会和台湾友人说："其实当芬兰人老实地回答，
某某科目就这样教时，这不就很芬兰吗？"

一来，他们多半不认为自己教学方法有什么了不起的秘密，因为教学
理念本来就是很符合人性的自然学习，而不是记诵式的压力。二来，如果
正好遇到一个木讷、较不擅长对外解说的标准芬兰性格的老师，大家能期
待他或她一时三刻间，就对一项或许从来没有思考过的问题，侃侃而谈出
个道理来吗？

谈不出来，不是不知道。芬兰或许还真不清楚为什么平实的教书，也
会被视为拥有什么惊世绝学咧？

英文课两人分组对谈练习

　　很多人们已经习以为常的事，通常不会是日常必须思考的范畴或是认为别人会感兴趣的问题；对芬兰老师甚至一般学生来说，日常上学、上课间都已经再习惯不过的教学与互动模式，或许压根儿都没去深入想过其中隐含了哪些大道理。

　　当然，如果遇到一位很国际化，或经常向外人解释、说明经验的芬兰人，抑或是年轻一辈活泼开朗的芬兰人，那一定会有不同的答复。

多语言的芬兰人

一个国家的大小，确实会影响人民的心态和教育决策；住在芬兰这几年，比较能体会出为什么自称是"小国"的芬兰，也能踏实耕耘出一片属于自己高水平的教育天地。

芬兰的国土幅员辽阔，与德国的领土面积相当，却只有553万的人口，丝毫没有任何一点足以自大的条件。

小国家没有说大话的时间与空间，所有的想法与心思，只能转化为务实的建设、人才的培育、长远的规划，这才是最根本之道。

我曾经住过一个西非洲大国，每天电视、收音机打开，就听到异口同声哇啦啦喊着自己是"非洲巨人"。她人口上亿、幅员广阔、物产丰富，还有石油，绝对称得上是不折不扣的"大国"。但那里的环境与这北方小语种的社会，在心态、教育、知识、见解、廉能、诚信、建设等等各方面，实在有着如同光谱两端的硕大差异。一般世俗习惯看待"大国"与"小国"的分野标准，不再重要了；能不能带给人民踏实感、希望与未来，才是最真实的国力表现。

我回顾在"大国"环境中，人民不着边际地听着各种自夸到不行的口号，以为自己就是世界上的强者，或说，世界就属于我们，我们非洲人终于熬到出人头地这一天了！无奈满是口号的世界十大产油国，平日里却总是缺水、没电、汽油短缺，以及种种漏洞百出的基础建设。

十年之后，我踏上了一个什么资源都没有的小国，所有凄苦的建国与抵御外侮的血泪战争，她都一一痛苦地经历过。强邻侵略、被迫割地和赔偿高额战债、地理位置偏僻到无人知晓、气候严寒长达半年、被西欧国家社群多年来忽视冷淡等等，都是芬兰实实在在走过的艰苦与心酸。

但这北方小国的人民，却一直很谦和、内敛，他们明白自己极小语种民族的竞争之道，唯有全力推动和展现国际化，所以外语学习就成为全民共识的重要课题。

因此，如何将教育与多语言、多元文化结合，再确切落实在基础教育上，一直是芬兰教育体系相当重视的一环。

时至今日，学习多元语言的成果随处可见，除了基本母语（芬兰语或瑞典语）之外，能流利使用几种国际语言的比比皆是，大城小镇、各行各业，都遇得上实实在在能够运用外语的男女老少。

在一次"瑞典芬兰文化中心"所举办的多语言国家国际研讨会中，一位约瓦斯曲莱大学的语言学者，他提出，一项正在全国进行的研究的初步结果显示，芬兰新生代学生已经视英文为一项与世界接轨的重要工具。但学生也普遍认为英文的通行，并不会影响他们对母语的认同与学习，反而会让他们觉得视野更开阔。他们认为英语的使用，如同瑞士的多功能小刀，让他们得以在网络、报刊、电视电影、网游的多样世界里，和国际上各个相同年龄族群，进行更多元、更有趣、更实际的交流。因此，这位雷帕能教授认为，芬兰孩子喜欢也认同，母语就是与朋友和家人沟通的最基本生活层面。母语是本，外语是工具，从不认为英文或其他外文会对自身本土文化与家园构成一种威胁，反而认为是多元文化的触媒与基础。

而我更诚心地认为，现代芬兰人普遍接受并十分喜好学习外文的主要因素，在于只要是外语，不论是英文还是其他语言，都能让芬兰与世界快速、广泛接轨，并在思想空间上可以暂且超越地域的限制，抛弃过往沉重的小国孤立历史与悲情，而直接与欧洲和世界同步对话。

不论是20世纪初期到二战结束时期的德语主流，还是迈入21世纪的英语，都成为芬兰人世世代代以务实考虑，找到符合时代趋势的主流国际语言之后努力学习的对象，更成为他们寻找进入世界舞台的契机与出口的一种模式。

然而，英语的学习只是芬兰教育的一种语言选择。芬兰和其他欧洲小国一样，除了母语加上第一外语课程外，还必须多选修一至两种其他语言专长课程。在芬兰基础教育中，提供了学生选修法语、德语、西班牙语等不同语言的学习机会。

此外，芬兰官方语言除了芬兰文之外，还有瑞典文，这两种是差异极大的语系与语法结构，所以学生的语言课业负担本来就不轻，但他们还是能在语言学习上，展现出相当令人惊喜的运用能力。这是会念书、考试的结果，还是芬兰语言教育中，有一些让学生能真正获益、真正加以实际应用的教学特质呢？

家长会一窝蜂去选学校吗

在国际化、全球化喊得震天响的今天，当芬兰普遍把外语学习看成与世界接轨的基本工具时代，到底芬兰的家庭与父母，会不会一窝蜂地非要孩子们去读所谓的外语或是双语学校呢？

我在参访土库市一所中小学时，遇上两位家长，她们的穿着打扮，是非常普通而典型的"地道、本土"芬兰味，不像许多在海外旅居多年的芬兰人那样多彩、有型，显得家常的朴实。

我问她们，为什么你们没有选择让孩子去念其他的外语学校或双语班？

一位妈妈有点腼腆但很笃实地说，"因为我的两个孩子在许多学科上都需要特殊辅导，想去念双语并行的学校，那是不切实际，对孩子在基础教育上的扎根并不好。为孩子选择学校，有时必须看看自己孩子的能力与需求，不能强求。"

另一位家里没有电视的妈妈说，儿子的学业表现不错，热爱阅读，她乐意让孩子去这样的学校试试，只是她先生不愿意。我蛮好奇地问为什么，她笑笑说，因为她先生认为，母语毕竟是基础，根基要先打稳。

我很讶异地听到这样再平实不过的见解。这几年我已经体会到，芬兰的家长们并不会一窝蜂地抢着为子女们去争取进入双语或外语学校等等，追根究底说来，实在是因为芬兰的基础教育和外语教育本身就足够好。

因为基础教育的平等、均衡，以及各地方投注的教学资源相当，大家才不需要"被迫"额外花钱去补习许多学科和外语，而可以放心地在一般学校和外、双语学校之间，进行理性而平实的选择。

有一回，我没头没脑地问小女儿的老师海蒂说："赫尔辛基市政府开设了这种IB英语教学课程，难道不怕家长会一窝蜂地想把子女送进来吗？"

海蒂觉得这好像不是问题似地回答说："如果在芬兰出生长大的孩子，母语是芬兰文，我们都认为，最好的选择就是离住家最近的社区学校。"

"政府所加设的外语或双语类型的学校，是给那些自小有接触其他语言，或是随着父母在海内外搬迁的孩子就读，因为他们自小开始或在海外时，就已接触了英语或是其他语言。所以搬到或是回到芬兰，最合理的学校选择，就应该是偏重于原先所读的语言，或是双语学校才对。"

不论是跟着父母因工作调动必须前来芬兰就读，或是常在国际社会搬迁来去的家庭，这些学生时代就常进出国际的孩子，能够在返回芬兰就读时，不会产生太大的母语课业压力，又能兼顾原有的外语程度，这可以让移居回芬兰的父母们，或从外国来芬兰工作的"候鸟族"，找到更有说服力的安居乐业的选择。因此，给有需要的孩子们，是芬兰政府设立双语或外语学校的基本概念。

而对于一般母语为芬兰文，在学校小学三年级就已经开始上英文或其他外语课的孩子，不必要再特别找寻另外的英文教学环境，芬兰的学制和教学水准，已经让大部分的家长放心地把孩子送进基础教育体制。至于那

夏季的芬兰原野

些长年旅居国外的芬兰孩子，或是其他国家移居芬兰的学生，他们还是处于不断的变迁生活之中，反而应该要有一种持续学习的基础语言。

海蒂和多数的芬兰人，说到了最平实的教育着眼点。

芬兰教育界为了赫尔辛基的快速国际化，以及希望吸引更多外籍专业人才到来，在近几年，有计划性地在原有芬兰学校里，开设外语或双语班课程。这让更多的外国公司、机构、国际组织、研究人员、教授、学者等等人员，愿意短期内携家眷来到芬兰，更让那些在海外工作的芬兰人，在合约届满或调派回国的时候，乐意将子女们带回国来就读，依照子女的语言使用情况来选择进入一般芬兰学校还是进入以双语教学为主的班级。

小女儿就读的中小学，校长是一位年岁不高、思虑敏锐的女士。我始终记得她饶富深意，却又再自然平实不过地说：

"就算这些芬兰孩子们只能回来个三年五载都好！"

"他们回到了芬兰母国，也都接受到本国教育的内涵，不论是以芬兰文，还是英文，或是芬、英双轨来教，都一样会在他们心灵里，播下芬兰文化的种子，不是吗？"

的确，只要有机会回到母国，即便是短暂的，都是一种文化与家乡情怀的播种；唯有对自己文化与国家深具信心的民族，才会拥有如此开放、宽广的心灵和如此有弹性的教育方式与语文教育政策。

海蒂说道："如果孩子一直都是在国外的英语系学习环境里受教，那当然就应该在回到芬兰之后，选择有双语教学的学校或班级，这样可以尽量兼顾到原有英文的教育基础，又能在一定时间内，让孩子们接受到最适量的芬兰本国教材。当然，如果孩子从小就在国内长大，母语芬兰文应该还是最根本的，家长也需要针对孩子的学习状况和学校的外语教学效果，再来决定是不是要考虑另外选择双语环境。"

　　校长也说了相同的理念："我们不希望那些在海外多年的青少年，在一回到芬兰之后，就必须面对一个纯芬兰语的教学环境，被迫在基本语言环境里深受煎熬，阻碍他们发挥原先所学的能力。青少年是成长中最苦涩的年龄，实在不要再加添他们不必要的环境压力！"

教育，为了吸引人才回流与国际人力资源

小女儿学校英语IB年级中，有从新西兰回来的芬兰两姐妹，有从非洲到比利时再搬回来的三姐弟，以及法国回来的独生女等等。他们的父母，来自不同行业。

校长跟我说："如果要这些因为父母工作调动而跟着跨国搬迁的孩子，在短期内就融入一个他们无法掌握流行、语言、教材等等的环境里，然后任他们自己挣扎求生，这是不符合教育宗旨和人性的。"

"我们所希望的，就是让他们搬回芬兰之后，能在最短的时间，借由学校开设的双语教学班级，在压力比较小的情况下，自然融入母语社会；不论他们将来是不是还要再随着父母搬出国。"

与其因为基础教育制度，及学校无法直接提供合适的教育环境，而使原来渴望前来贡献所长的海外人才，没能放心让子女就学，造成推拒人才于国门以外的遗憾，不如找到一种适当的教育方式，让家长可以放心来此安居，然后就能乐业。

虽然，一定也有不少人认为，绝对可以让孩子们在回返母语环境后施以学习压力，不论这是不是揠苗助长，反正一两年后，他们总会适应的。

　　不过，我能理解，也了解芬兰式的想法，因为让孩子们去经历这些语言急遽转换的压力，并不是每位教育工作者应有的心态。如果都能避开"揠苗助长"，而给予适时辅导，让他们以自身的步调逐渐在外语和母语间找到平衡调整的方法，这样孩子们会成长得更好。

　　赫尔辛基市政府教育官员比雅跟我说："如果我们将这些海外回来的孩子们，以及芬兰当地移民族裔子女之多语言和多文化背景，视为是一项社会整体资产，那教育观点和想法的层次，就会更不一样了。"

　　这些随着父母在国外与芬兰移徙往来的孩子们，直接传承了父母的本国语言与文化根基，又接受过国外教育体制的培育，以其多元的成长经验与外语、异国文化的生命历程，正是芬兰新生代走向国际化的第一线潜在人才。如果让他们在回到芬兰期间，能够尽量持续原有习惯的外语学习环境，让他们在学校里接受和芬兰学生一样的课程内容，即使可能会有些科目他们用英文或其他的外文来学习，但这也能够促进他们生成认知、喜爱本国的心境。

　　而且他们相信，日后这些孩子长大了，将是芬兰的资产！同时也是可以直接面对国际社会的中坚人才！

　　以赫尔辛基来说，她提供了四十多种不同族裔的母语教学，只要学校有超过三个同一语种的学生，就能申请每周两堂的母语课。这一切的政策与辅导，就是希望这些前来芬兰的移居者，能安心工作并能继续留在芬兰。保住了他们的母语，是使得这些孩子日后能顺利学习芬兰文与融入芬兰社会的文化基础。

　　一再地，我从芬兰不断强调母语与孩子第一语言的重要性中，学到了平实又务实的教育基本态度。

　　赫尔辛基市在2008年设立了一所中芬双语学校，主要是给移居此地的中国籍、跨国婚姻、研究或应聘工作者、学者教授的家庭，以及曾经旅居过中国或其他华语地区的芬兰家庭子女等。市教育部门把一所濒临裁撤的学校重新改制之后，注入双语学习环境的新生命。

　　先不论中芬双语学校的成效与未来如何，我想起瑞苏学校校长说过，当初要开设英语IB课程时，有些芬兰人笑话说，你们招不到学生啦！师资很难找啊！当时我心想，开玩笑，这要是在亚洲，从东北亚到东南亚的家长们都会挤破了头，即使买个千万房产在学校旁边都得要让孩子挤进去，不然就是想办法送孩子们去国外过个水也好。

　　天啊，芬兰的基础教育，想必办得真不差！不然，大家怎会不看好，也没兴趣去"挤"这样的双语学校或班级呢？毕竟，基本教育体制办得好，剩下的就是个别家长自己的选择了。

　　而令我也很好奇的另一个层面是，为什么芬兰这种由政府设立的外语或双语学制，不会被说成是一种"特权"呢，或只为少数孩子"量身打造"的呢？

　　为什么这样的政策建议，是来自于像赫尔辛基市政府教育局的远见、创意与执行力，而且是为了因应各种产业与社会人文的国际化趋势和希望招引国际人才或芬兰在海外的人才回到芬兰，而与芬兰外交部、国会辖下的"芬兰创新基金会"等各大机构与国际公司，一齐研议出来的计划？这样开阔的胸襟、教育创意与规划执行能力，是芬兰人既务实又弹性，而且深深关怀下一代受教权心意的呈现。

　　他们已经预见了芬兰公、私机构与教育体系在面对芬兰日益国际化之际，实在需要有计划地吸引更多国际人才，不论他们是外国人还是芬兰人。

所以芬兰在重视"走出去"和国际化的同时，看到了如何让国际人才走进来的重要。而最让国际人才与家庭重视的子女教育问题，自然也就成为芬兰教育当局直接肩负起来，并且直接在国家教育体系中付诸实施的责任。

为了使赫尔辛基以及芬兰其他各县市更趋向国际化，不必要的疑问或包袱不再困扰芬兰教育当局，也不会成为教师或校长们的问题；他们的眼光，超越了这些划地自限的思维，而愿意以"适材适所、因材施教"的基本概念，去拥抱和培育身具各种多元文化与教育背景的未来主人翁。

阅读是终生资产

　　有一回，我打电话回家，父亲问起小女儿平常都在做什么，她想都没想就说：“念书啊！”

　　我爸听来大为欢喜，一定想说，这小外孙女果真前途无量哦。

　　我连忙跟女儿说，“你要跟阿公说，是在阅读啦！”她是很喜欢读故事书或小说，不是一般大家习惯所讲的在“念”学校里的教科书！

　　此后，阿公就知道要改口问说：“那你最近读了什么小说啊？是英国的，还是美国的作家？故事是什么呢？你已经读了几本啊？”

　　严格说来，“阅读”与“念书”，有着极大的分野。

　　孩子们平日确实是人手一书，随时随地利用时间空当，让自己浸染在文字与故事的奇幻世界里。这与学校考试期间，必须要读懂的世界历史和古文明等教科书的内容，大异其趣。

　　而喜爱文学与阅读，一直是芬兰和西方教育十分鼓励孩子自小养成的生活习惯，这项习惯，也的确让一代接一代的芬兰学生，透过文字世界，为自己搭起通往广博知识的桥梁。

　　这些年以来，许多人百般好奇地想知道，到底是什么样的原因，让芬兰的孩子在阅读的国际教育评比中表现如此优异？有没有什么推广阅读的秘诀可以分享？世界他国都想到芬兰一探究竟。

当人们如此一问，芬兰人通常会有点严肃并一本正经地告诉你："因为芬兰文的读音和文字相符合，你读的就是你写的，你写的就是你读的，所以，教导学生阅读母语文字，比较不困难。"

当然，他们也会加几句话："因为我们国家的历史文化传统，并不悠久，所以历史和经典文学，两三下就读完了。"然后，他们会不好意思地再加上："芬兰的冬季漫漫，在家阅读，是最佳的生活调适和润滑剂。"

也有人选择不知所以然地耸耸肩、摇摇头；毕竟当一切事物都源于自小养成的习惯，反而一时之间，也难以去思索何时、如何、为何会养成热爱阅读的习惯。

阅读之于芬兰人，早已是一种普遍的习惯，他们重视阅读的程度，或许就和我们对数理学科的看重一样，也更像是印度学生必须将九九表不只背到9乘9，而是25乘25一般的重要。

但阅读绝不是芬兰独有的文化资产，阅读在欧美西方教育早已行之多年；许多的家庭，在孩子出生后不久，父母很自然地会去找到适合零岁时期的塑料小书，玩具书本，就在婴幼儿舔了又舔、抓了又抓，既有视觉影像，又有语音入耳的多管齐下，加上父母轮班上阵陪伴之下，从玩具书、图书、生动的绘本等，再逐步跃进深浅不一的文字书与创意故事里。如此的循序渐进，在家在校都能依照各个孩子的阅读进度，多年如一日地灌溉与培养，那阅读深耕入心，必会生根发芽。

书与阅读，对于西方和芬兰教育来说，就是培养孩子终生受用的生活兴趣。让书与人从小就产生互动，并成为能伴随一生的友谊与养分。从这个角度来看，或许更能知道为什么芬兰会如此重视阅读与鼓励孩子们去探索书中世界，把养成学生的阅读习惯视为最重要的教育基础；因为，这对他们一生都重要。

因此，重视阅读不是短视地只期盼孩子能赢在起跑点上，重视阅读不是只想要让学生成绩评比顶呱呱。

重视阅读的真正内涵，更不是只想要创造出过目不忘的天才，而是希望能培育孩子有兴趣找书来看，养成独立学习与思考的习惯，才能在知识的空间中自由自在游走，开启心灵与脑海中的创造、幻想与视野。当学子们能受惠于书中的任何人物、故事与角色的互动，酝酿出往后成长生命中的厚实养分，那阅读就真正能丰富自己的人生，借着文字、文学与文化，认识自己并探索人性。

负责编著教科书的芬兰最大出版社WSOY的出版经理跟我说，"我们芬兰人很爱书，像我如果要送孩子们礼物，首选必定是书。"

我一直深刻地体会到，西方式的教育，不论欧、美，有许多理念与精神是相似相通的；这其中最显著的一项，就在于希望学生终生阅读、一生爱书的养成。

如果一定要有所分野，那芬兰只是将这个理念落实得最平民化的国家。追根究底，芬兰现在的父母从上一代就接受到了普遍的启发，对于阅读相当重视，所以会继续导引下一代也一起进入阅读的世界，世代交替地从孩子一出生就开始带他们去接触各种儿童书。

因此，阅读在芬兰，不是资质优异、环境良好、书香世家孩子们的特权，而是一项普罗大众都可以拥有的资产与一生受用的能力。

土库市立图书馆

每日至少半小时的阅读

根据国际学生评量计划（PISA）的研究，芬兰中学生阅读能力表现极为出色。虽然芬兰女孩的阅读力普遍高于男生，但芬兰男孩平均阅读力却也是众多参与评比国家成绩中表现不错的。

这除了奠基于芬兰整体社会的阅读能力一直以来都有相当的水准，更有赖于在20世纪90年代初期，芬兰政府与许多民间机构组织不断地推动强化阅读的扎根。不仅各个学校长期推动阅读，芬兰的书籍协会、出版公会、图书馆协会、报业公会、期刊协会、教师协会等等都广泛长期参与，这就像一张绵绵密密、生生不息的网络，把芬兰男女老少紧紧地拥抱在书香世界的怀抱里。当整个社会不分时代、族群、性别都有了相当的共识，就是促使阅读平实化、平等化的最佳基础。

我一直很爱看孩子们沉溺于书海中，全神贯注地投入、汲取故事情节。我原来以为两个孩子只是随意看看，但日复一日，我听到她们兴高采烈对谈着书上读到的冒险、惊奇、开心、伤感……也听到她们告诉我说多么喜欢哪一位作家，哪几本书、哪一些故事情节创意十足，哪几本经典已经被拍成电影……几十本书在她们的眼中，是一种透过阅读而自我满足的过程。

　　在西方教育理念里，学校在孩子年龄很小的时候，就开始引领学生阅读，这一点，从当初我们在美国就已见识到，一直到后来进入芬兰的国际学校，以及孩子陆续转到芬兰学校等，芬兰与欧美老师们理念一致的对于孩子最基本、最常见的要求，就是一生阅读习惯的养成；对父母的期待，也是多陪着孩子阅读。

　　阅读的培养与引导方法很多，但来自父母与家庭的陪伴和鼓励，绝对有极大效果。这一点，芬兰的父母与学校师长，一直都有相当普遍的共识；再加上芬兰基础教育的根基扎得稳，人民知识水准普遍不错，所以阅读习惯成了代代相传的良好习惯。

　　而孩子入学后，学校的系统化引导与鼓舞，是让阅读建立起平衡与平民特质的最佳根基。芬兰孩子们的每天家庭作业之一，就是"至少半小时的独立阅读"。

　　功课中的这半小时，不是要学生再继续啃读教科书，而是鼓励去读自己想看的书，用自我引发兴趣的方式，让他们沉浸在书籍的世界。

　　这半小时的阅读，基本上是良心与荣誉的自我要求，不会有制式化按表操课的白纸黑字阅读手册去逐一记载念过的书名。学生读多读少，是自己对自己负责，是自己要或不要建立起来的人生习惯。

　　毕竟，芬兰教育是希望学生学到独立自主，方法虽然总会依不同的学校与老师而有所不同，但基本期望都是相同的。有趣的是，念过不同学校的两个女儿，所碰到过的各年级不同的英美籍或芬兰老师，从鼓励角度和运用人性化方法引领阅读的本质与精神，竟完全相同！

阅读环境的引导

　　孩子们在学校，虽然有老师依循年龄层所建议的各种读本，但学生的抽屉一翻开，总会有一本属于自己喜好的阅读书籍。

　　当孩子能坐拥心有所属的故事，就会以自己选取的书为荣，在同学之间的阅读氛围相互鼓舞之下，借着阅读和老师主持的心得分享，创造出不同的想象空间和更广泛的阅读能力。孩子在读完自己的书时，对于他人提及读过的书，一定会听得津津有味、乐不思蜀，并会百般好奇地想要亲自一探究竟。如此的相互交流，不仅让老师得以营造出群体阅读的风气与平台，更让孩子们创造出一个与自己赛跑的健康阅读模式。

　　鼓励阅读的方式，不一定非得有任何形式的表单或读书报告。好的老师，不需要以收集孩子读了几本书的数据作评量、写绩效报告，而应该以孩子能否乐在其中为最后宗旨。

　　强调、鼓励、启发、引导阅读，一点一滴地从小开始，不必用相同的单调模式，而是依照每个孩子的兴趣与阅读深浅，去为他们量身选择不同的书册。因为终有一天，学生读取的快与慢，必然不再是问题。从学习到享受阅读，每个孩子必能望见地平线外那片美好的阅读森林。

当然，总会有芬兰人说，因为大多数从外国引进的电视节目都无法配上芬兰语发音，必须打上芬兰文字幕，所以芬兰孩子们，自小就必须快速阅读字幕，才能跟上剧情，所以快速阅读早已被训练了。

也有人说，近年网络世界的兴起，让数据的搜寻、讯息的交换等等，都对于青少年孩子的阅读与写作有了或多或少的侧面协助。不过也有人担忧，上网、电玩的时间多了，可能会挤压阅读书籍的时间。

芬兰教育体系把阅读与写作视为极重要的学习与生活技能，但如何培养此项能力，则非常自由与多样化。不仅教材与辅具的选择范围很广泛，教师更有绝对的自主权去选择最适合协助孩子的阅读内容、范围与进阶程度，也会倾听并支持孩子的想法。同时，采取交互式教学，学生通常会和老师一起选择有兴趣的青少年文学、杂志报章等等。学校与老师更不间断地以阅读为终身兴趣，去导引、鼓励学生，并和图书馆及各个推广的协会组织，一起举办不同形式的活动，让学生和亲子的阅读更加生活化。

就长远的终身阅读来说，芬兰的图书馆、出版商、报章杂志等等都共同扮演着重要角色。毕竟，芬兰和其他北欧国家一样，基础教育普及且水准平均，因为理念上就是"人人生而平等"，所有孩子都应当享受公平的教育资源。

所以在教育上城乡差距小、各地图书馆林立且书籍藏量丰富、老师与学校对母语和外语课重视，在各方用心协助辅导之下，阅读才能做到不分社会阶层、不论贫富差距，人人都得以自己打开那一扇阅读之门，建构对于阅读的喜爱与自信，享受徜徉书海之中与自己赛跑的乐趣，培养终其一生都受益的独立思考与探索能力。

也正因为有着踏实的整体做法与稳固的亲子和教育培养基础，同样是鼓励阅读，芬兰的国际教育评比才会高人一筹，并且是让学生从小到大都能乐在其中地高人一筹。

图书馆，芬兰的人文地标

已经不知多少回在不同城市访谈返家后，总会正经八百地跟先生说："你相信吗？我在各地访问之后的夜间活动，通常就是来一趟图书馆之旅！"

这一点都不夸张，我真的在造访北极圈一连几座大小城镇时，都进入镇里的图书馆逛了好几圈。这当然也适用在其他城市的访问期间，连赫尔辛基的图书馆，都成了我探访的景点。

我开玩笑地和先生说："如果芬兰的电影院、出租录像带店也都开得像图书馆一样完善精彩，那该有多好啊！"

待过商业鼎盛的美国社会和光彩缤纷的宝岛家乡，一来到芬兰的电影院，多少会带点失望；不论是电影院餐饮部美食区内部的动线规划、室内装潢与灯光运用等，总觉得以芬兰的设计力，必然能再多一点"惊艳"。

不知是对于芬兰的期许过高，还是她仍在亦步亦趋地迈向更加商业化，抑或这正是她们的功能主义发挥到极致，所以电影院不过是让大家来看电影的嘛，影带店不过是来租片和买糖果的，如此罢了！但我总想说，若能把灰暗色系和单调功能再多加上招引人气的亮丽，一定会更好。

建筑比稿首奖的罗亚市立图书馆查阅区一角

　　然而，对我而言，芬兰的图书馆，就大不同！

　　芬兰全国，不包括大学院校、特殊语言及研究机构、一般学校公司等，光是各市镇里的公立市镇图书馆就有近千座。虽不能说每一座都明亮新颖，但我看过的几十个城镇图书馆，尽管大小不一，却不论建筑格局、借还书设备、无障碍空间、民众阅览展读桌椅等等的考量上，都是应有尽有、设计周到，处处展现出芬兰人实事求是地要一座好图书馆，却又同时重视设计概念、尊重设计师的性格与精神。

　　我自己稍稍归纳了几个喜欢逛芬兰图书馆的原因：

　　一来，我总会被用心设计的公共建筑所吸引；借着不同年代的图书馆建筑，我看到了每个时代的建筑风格。有些建筑或许不是最亮丽，但却都足以述说一个时代的设计理念与规划，这其中不乏分布在全国各地城镇的知名建筑大师经典作品。

　　每当我坐在经过大师之手设计的图书馆座椅上，望着蓝天白云，总在不经意之间就看到大师为市民大众设想的公共空间，有着他心灵细微之处。我所望见的，是从发想、构思、绘图到启造、完工的创作与人文精神。于是，芬兰图书馆之于我，除了一尝窥书香之外，其整体透显出的力与美更令我流连忘返。

　　二来，我对于芬兰图书馆的专业素质与资源共享理念，赞赏不已。一切的书籍、报章杂志、期刊、CD与DVD、微缩影片等等，都已经全国网络信息化，个人想借阅的书册影音数据，可以在任何一家图书馆的计算机网络系统上查询，并能一览自己的借书清单。

　　除此之外，在市里A图书馆借的书，随你喜欢可以到市里的Z图书馆去归还。如此一来，资源不受限地随处流通，而非各地自成封闭仅此一家。这种既便民又贴心的服务，让图书馆成为男女老少都乐意前往的场所。

　　图书馆人员，还会不时地与当地学校一起提倡阅读，举办介绍各类新、旧书籍与作家的活动或展示。不同的构想在遍地自行觅得合作伙伴进行，开花结果的佳绩，让大城小镇都能受惠。

　　三来，芬兰各地图书馆都设有音乐艺术专区，音乐区通常以收藏各式的乐谱、音乐专著、传记、书册、CD、DVD、录像带等等为主。这类型的专区遍布全国各地图书馆，乍看之下是专为音乐爱好者所设，但其实是为公民服务。

　　如此处处用心的种子，配合着各项长期推广、灌溉的政策，提供市民音乐艺术的文字与影音借阅环境，让有或没有办法负担得起艺文欣赏活动的普罗大众，都能一起爱好音乐与艺术，沉浸在馆藏的艺术家精心谱写和表演的作品中。

罗亚市郊一所30人迷你小学的小男生

罗亚市人口36000人，图为市内图书馆里的流行与摇滚乐DVD区

音乐性质的收藏与借阅，不只有歌剧、戏剧、古典作品，更有着流行、重金属、摇滚与爵士乐等。或许芬兰各地蓬勃兴盛的音乐苗种，近几十年来不断开花结果，培养出全球人口密度最高的世界级古典音乐家，以及在欧美各地崭露头角的重金属和摇滚乐团，芬兰各地图书馆的音乐部门实是功不可没。

四来，芬兰众多的公立图书馆除了都有现代化的设备及丰实的藏书、营造出适合大众前往的环境如报纸、网络等等区域，其中儿童区，更比芬兰各书店中的儿童书区宽广、丰富、完善，而且童趣十足！

有时，我逛进新建设不久或经过改良设计过的儿童区时，不禁大为赞叹，这不正是我们台北诚品书店的儿童书区吗？怎么会是图书馆呢？书区里不仅有各类儿童书籍期刊、可供上网的计算机、各种语言的童书、音乐、DVD、CD、舒适的沙发、随处可见的可爱玩偶、娃娃及装饰，还采购了家具设计名家阿尔托等设计的座椅或板凳。儿童书区的壁间旁侧，时常可以看到儿童画作，还有小朋友专属的流行音乐区，问询处则以儿童高度来设计。那种自由展读的氛围和亲子一家共读的乐趣，可说是理想梦想的实现。

深入各地的流动图书馆

　　芬兰的图书馆及其信息服务，就整体国家的民主发展和国力建构的历程来说，扮演着举足轻重的角色。芬兰在1928年就制定了图书馆法，是北欧国家中最早的一个，她在图书馆领域中的先进和专业，也颇受瞩目。

　　在芬兰，百分之八十的人民使用图书馆，平均每人每年造访图书馆的次数近十次；每人每年平均借出的书籍、杂志等超过十六本；每年访问图书馆网站的人次约四千万人。图书馆，俨然成为芬兰人精神生活里最奢华的享受。

　　除了各地丰富的市立或公立图书馆硬、软件建设之外，芬兰全国各区域还配有近140座的流动图书馆，这些以大型巴士为主要载体的流动图书馆，行经路线是相较偏远的社区与学校，主要服务对象为学生和一般民众，以及年长的银发族。到访的频率为，有的学校和社区一周去两回，有的则一回，完全依学校与社区人口数以及各地市图书馆的规划而定。

　　流动图书馆的成立与运作历史，行之数十年。我在土库市访问期间，有机会前往市政府流动图书馆的大本营一探。偌大一处像工厂的建物内，摆设一台芬兰最早期的流动图书馆，而隔壁间，就是正在使用的一辆车。

我和一位负责人员聊起，他说这是他已经从事多年的工作，薪水或许不是最好的，但是因为本身就喜欢书籍，更欢喜看到所有上车借阅书籍民众与孩子们的喜悦，所以一定会做到退休。他笃实的脸庞上漾出一份真诚的喜悦微笑。

他继续说着："这些图书馆巴士，每一周都会绕行整个土库市都会的周边区域，那一份把书送到的成就感，让我们这儿的人员都不想离开了。"接着还兴致勃勃地谈起，他曾经配合流动图书馆的行程规划，协助芬兰儿童与青少年作家协会的巡回分享活动。

我边听边想，看来这份工作除了要会开大车，还要懂书，还得一起策划和举办活动。那这些人员，就不是普通的运将大哥了，他们成了巡回各地的教育播种人！

我继续到大"仓库"里好几个让我觉得柳暗花明又一村的角落去寻寻觅觅；我不仅看到一处又一处整齐摆放着众多书籍的橱柜，还来到一面标示着整个土库市周遭地区的大地图前，上面钉满各种彩色的图钉，标示好几条流动图书馆行经的路线与经停地点。

带点羞涩却又很客气的流动图书馆员，诚恳专业地向我解说他们的运作情况，听着听着，心

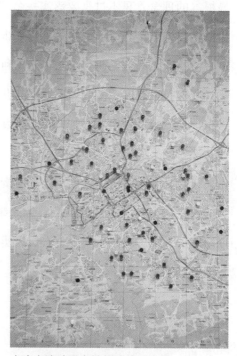

土库市流动图书馆的路线分布图

里不自觉既温暖又感动。深深觉得在社会上每一颗螺丝钉，每一粒种子，只要旋扭和播种的人，都能尽心尽力，那众多的螺丝钉和种子，无形之中，就成了社会的整体资源与扎实的能力。

我后来又在不同城镇，遇见更多次的土库市流动图书馆，尤其是在北极圈深处。在严酷寒冬与永夜黑暗天候里，奔行于瑞典、芬兰与挪威三国边界上的北欧联合流动图书巴士，在极地深处，跋涉于这三国的最北偏远地区。不管天候是不是处于零下几十度的漫漫永夜冬日，它还是满载着温暖人心的书册、影带、杂志、CD、DVD等，定时定点来到各个社区，为扶老携幼的一般民众，带来寒冬中的精神食粮。

北欧芬兰的图书馆设施，之所以会如此完善、平民化、实用、舒适，最根本的理念，只不过是要落实一个"平等"的精神。因为北欧人与芬兰人都相信，平等是一切社会发展的基础！然而真正要能落实根本上的平等，就必须要让人民真正拥有"知"的权利。

既然是种权利，政府就有责任提供一切，或许某些娱乐享受型的设备可以缺一点或少做一些，但图书馆资源、信息、教育，一样都不能少，大家才能有公平的起点。这象征了一个国家与政府，为着人民与社会的公平正义，有义务与责任，提供不分贫富贵贱的基本条件与权益。

再一次，我深刻地体认到，原来事物的根本，仍在以人为本的原点，以及了解人本思维之后，愿意去付诸实现的诚心。如此罢了。

艾斯波市正在流动图书馆里借书的女孩

拉彭兰塔市深冬大雪之夜正要出发的流动图书馆

与芬兰教科书的渊源

芬兰教育，采用一纲多本。

芬兰的"一纲"，来自于全国教育委员会编写制订的全国核心课程纲领，各家出版商再依据纲要里所规范的各科目内容，委由各领域的教师、专家、作者与特殊教育人才，共同编著完成教科书。

自1990年初，中央教育单位不再监督教科书的出版。中央部会以信任教育机构与老师们为由，认定他们有足够的能力为学生选出教科书市场上最好的教材。这个决策使得教材的市场走向更自由的竞争，并发展出对于课程内容配合得更成熟的教科书编写概念。

与芬兰教科书的相遇，始于大女儿要从国际学校转入英文学校的入学测试。当时在国际学校读了两年的女儿，并没有任何数学课本，而我们对于芬兰学制的数学进度并不了解。几经询问后，才知道芬兰制订有全国适用的课程大纲，所以赶往芬兰最大的出版社买了数学课本。短短几天，我和女儿一起对芬兰小学三年级的数学下了不少功夫研究，发现内容难度比起国际学校深得多，也颇具灵活性和挑战性。

2005年暑假，《芬兰惊艳》作者吴祥辉和Catherine相偕来到芬兰，我和女儿们刚从夏季音乐营回来，我们相约在赫尔辛基市最古老街道旁的百年咖啡店里聊天。

在谈过一阵子芬兰生活与民族性格之后，吴祥辉有备而来地问道："芬兰教科书中，有哪些国际化的元素？"我当时一愣，心想，这位老牌作家果真做了功课，有意思极了！于是，我开始和女儿一起同看来总是严肃又不苟言笑的吴祥辉，聊起数学课本里的精彩内容，随后就带着他们前往出版社一探。

我还蛮喜欢研究孩子们的学习教材，从她们一开始在赫尔辛基国际学校，我就跟着她们一起念学校拿回来的各种书册。所以与其说我关心孩子们的学习，倒不如说是我对东西文化、基本哲思与教育概念之间的差异兴趣浓厚，更对于不同的教学方法与思考模式总是好奇满满。

初来芬兰的前三年，我总会把孩子们从学校带回来的讲义、笔记、课外读物等大致浏览一遍，也几乎每天都和孩子们谈谈学校生活的点点滴滴，把这些透过孩子们去实际接触的西方学习内容与教学思考，逐步吸收、理解到脑海深处。

我和孩子们一起看英文读本，从简单的一个个大字、一页只有几行句子，到全篇文字书、长篇小说等等，无形中我好像也一点一滴地与孩子们共同学习、成长，更借此了解到东西方不同文化与思维，以及教育着重点的差异所在。

芬兰的教科书里，我接触最早的是小学三年级数学课本，从刚开始拿到芬兰文版，必须每日辛苦查字典到快要抓狂，到了八个月后，因一项试题百读不懂，而急匆匆跑去书局询问，并购买了答案本。从此，孩子们做作业时，多了我这支生力军。而这一年来，总算能让孩子们都可以自立自强的英文版数学课本，终于应运而生。

好作品，才有出头日

在女儿每天上下学的生活中，我逐渐领悟到芬兰出版商与编著者的用心良苦；书中内容不仅连贯交织，囊括了不同知识区块和国际、本土素材的交汇运用，更贴心地分类成难易不等的级别，适合各程度的学子。

在芬兰各地的几十所学校里，看着孩子们使用不同版本的科目教学与辅教书籍，不论是历史、地理、自然科学、音乐、宗教、生物、理化等等，编写的内容不仅扎实丰富，书籍的纸张也很讲究，印刷更是精美。每隔一阵子，我总会喜滋滋地到书局，东翻翻、西看看各科的书籍教材，借此也多了解芬兰书市的趋势。

我心想，为什么他们能将这么有限的市场，做得如此尽善尽美？芬兰这样小的人口与学生数目，如何支撑整个教育书市与出版业？芬兰各个学校大多采取课本回收制，一套教本让学生循环使用，算起来这些教科书的印量，绝对远低于我们的教科书市场印量。如此一来，出版商的教科书利润何在？出版书籍前必经的长久研发与思维设计，考量重点又在哪里？

基于好奇，我数度造访芬兰两大出版社的教科书编辑群；其中一家OTAVA出版社的教育部门主管，很不芬兰地向我说："芬兰教科书是全世界最好、水准最高的。"

当时，看着他自信满满地脱口说出这"最好"二字，那一瞬间，我实在很难不被震住。不是我认为芬兰的教科书称不上最好，但能如此充满自信并坦率夸耀自己的芬兰人，实在非常非常少见。

当然，国际评比与研究的结果，显示出一个国家的教育要能成功，整体社会是环环相扣的，唯有教师、学制、设施、教科书内容等等各司其职、各尽其责，就像每个社会中的每个环节一般，大家各尽其力，如此才能良性循环，好好推动教育。但是，很现实地仔细看芬兰的教科书市场，一套全新的教科书系，在自由选择书本的芬兰各级学校，通常最好的销售成绩不过是几万本的印量，而有些特殊教育的书籍，印制量更只不过是一两千本。基础教育学生人数和每年新生数大约多少，是可以精算出来的；每年各类不同书种的印制量，还真不算大。

这样的小额教科书市场，出版商又要以什么样的态势和条件，来长期保有高品质的作品呢？想不到，我从与两大出版商里的好几位编著者、经理人的访谈中，竟然都不约而同地听到他们说：

"就是因为我们的市场太小、竞争激烈，所以才必须做得更好！"

"唯有最优质的出版作品，才足以在芬兰生存，并且被市场和使用者衷心接受。"

我心里对这种看法，不由自主地发出赞叹与佩服，只是好奇心让我追问："为什么你们不会以削价方式来竞争，或是草草编一编就出版呢？或以眼花缭乱的多品种、频繁出新品的方式，来应战和抢夺市场呢？"

一问完后，好像我是白问了，因为这些典型性格踏实的芬兰人，只会一再地述说着："好作品，才有出头日！"

芬兰教育展的OTAVA出版社中学教科书区一景

　　教科书出版商，除了这两家老牌书商之外，还有几家中型和不少小规模的编辑厂商，一齐抢攻这个成熟又少量的市场。一套新系列的书册，起码得花上两年的筹备时间，从构想到编写、印制出来。编著者拿的是出版商的版税，就像作家一样，而出版商与作者各自分担出版好坏与销售风险。大多数被选用的课本，起码用上三年五载，才会进行改版。

　　我问，这样的市场时间机制，具有哪些特别意义呢？

　　他们答说："一套教科书在市场上的时间够长，才能累积师生之间充足的互动经验，而后才能产生对书系编写人的回响、建议，然后也才会有长期改善内容的因应方案。"

　　也就是说，芬兰一本获得好评的教科书，它的设计着眼点是很长远的规划，在市场上最起码要有五年的考验；但所有投资下的成本，能不能在往后陆续回收，恐怕不是完全以市场价值来衡量了。设计一套书，有三五

巧遇正在拉彭兰塔中学展示的新版教科书

年，或五年十年的宏观视野、投入成本与编写的功夫，才会认真踏实，而不以短暂的市场利润作为唯一考量。

但，出版商又要如何面对日后的改版呢？OTAVA负责教育书系的主管告诉我，改版与重新印制，起码会召开10次以上的讨论会议，十分慎重地和编写作者、老师、教育人士，一起研订编修方向和内容大要。

所以一本教科书的研发、编制，到印刷出炉，都会依据整体的各种研究结果，还会有教师与使用者的问卷调查和一次又一次会议的悉心讨论。

这过程，需要的是耐心与诚心！

用心的出版商与编著者

芬兰最大型出版集团WSOY的基础教育部研发经理，向我仔细介绍了全新制作的一年级芬兰语读本，她面带喜悦，将这本书视为自己的宝贝孩子般。她说这本书，起码花了她和WSOY五年的时间才推出。我摸着翠绿色精装亮丽的封面封底设计，心底偷偷地盘算，这本"教科书"的印制成本到底多少啊？

我一边欣赏着专业、高水平的插画作品，一边想起我在北极圈拉普兰罗瓦涅米一所学校参访时，就已经见到孩子们在读这本书，所以当下就向这位编著者赞叹说，好精致、好吸引人。看着她脸庞上那种并非由金钱所能散发出的满足和开心，我心中也充塞着说不出的温暖。

她说，这是每个孩子的第一本读本，其中分为三个学习阶段，让不同程度的孩子都能按照自己的情况，逐渐上手；已经能读文字的孩子们，可以去欣赏短文，还在学习拼音与发音的孩子，就可以从基本字体与音节开始，不带负担地自然进入文字的学习。

这真是很典型的，与自我赛跑的芬兰式教育理念。

没错，当时北极圈一所学校的低年级导师，也是这样跟我讲述的。

WSOY的编辑们说，他们花下许多时间与资本，除了想要制作出好作品外，更希望各书系能有五成的市场占有率。我问，那如果某一书系只占了三成的话，该怎么办？

他们回复，那就必须实地全面了解、检讨与改进。当然，这是大型书商的市场估算方式，许多中小书商的书系只能占整体教科书市场5%到10%的占有率。

我又问了，"那小出版商与你们的人力和投资皆不成比例，如何应战？"编辑群与经理们说，其实有时中小型出版商，反而能创造出更具灵活性的编著和构想；他们强调，好的点子，就是需要人们用心去研发、创造和付诸实现，不论书商的规模大小都一样。

在芬兰，每年我都会去参观赫尔辛基的全国教育展，2008年的展览中，我看到了WSOY的最新系列数学课本。这让我十分好奇，心想，原先的那套Laskutaito已经够赞了，

WSOY出版社精美的高中历史、地理教科书系

WSOY出版社的各类高中物理、数学教科书系

芬兰小学五年级《数学》课本中的台北101大楼

市场占有率也很高，怎么又有一套新版的书呢？

　　我和编写数学书系的杜拉见面，她就是那位将生活行旅、国内外地理元素等，巧妙地纳入数学题型中，博学多闻、热爱旅游的编著者。她很开心地告诉我，自己正在开发这一套书系！

　　我好奇地问两者之间的差异，虽然我从封面设计即刻看出对比与差异，但还真想听听编写者的心里话。

　　她说，Laskutaito书系固然获得很大的回响，市场销售反应也很好，但她们希望再设计一套以故事性和幻想世界为贯穿的数学本，多放一些以孩子为主体的想象空间与题型演变；不过，目前这套书只开发到低年级而已。往后还会逐年再开发，好提供给已经使用原书系的学校和老师们另外一种多元的教材选择。

　　这我了解，要编成这套书，一定得花不少时间和成本，再多大规模的出版商，也只能一步一步地来达成编写者的梦想吧。但有了起步，总是让人开心！

芬兰真像是面镜子

一套教科书的出版，周边同时还有十多样附属的教材辅助品，其中有我们熟悉的教师手册、辅助教案与教具等等。在芬兰，比较特殊的是，出版书商还会同时开发给特殊教育与学习缓慢孩子们使用的另一套书。

这么少量的学生数，出版书商实在无法进行年年更新的情况下，要做就会去做出最好的。所以以更长远规划，编印出让学校老师放心、喜欢使用的教材，就成了唯一考量。

我漫步到了OTAVA出版商位于赫尔辛基市街上的展示区，一位年轻的客服小姐一大早就开始接电话接到手软，没听电话时，还得赶忙回复大量的电子邮件。她几乎没空招呼我，但她还是抓了空当向我说，她每天就在这些教科书使用的客服与问题回复中，忙得团团转。

这些出版商还真是有心，老师们其实也真用心，双方就借着教科书的使用与响应交流，打下了日后编写方向的最务实研讨基础。

WSOY的编辑们说，编写课本必须要构想得很完善，譬如说，老师可能教学的步骤一、二、三，自然学科要做实验时的各个步骤，以及学生实操的方法等等。因此，一本新书要推出上市之前，大型出版商都会在芬兰各地十几个城市，举行多场座谈、研讨会，让老师和学校一起有机会了解书的内容，以第一线地听取、搜集他们的初步反应，以及了解新教材是否有实际使用的困难等等。

芬兰全国教委会的专家说，研修制订核心教育纲领内容时，会有出版商公会的代表出席研讨会议；而邀请出版商代表一起来了解教育课程纲领，在欧洲其实并不多见。

我心想，也的确必须如此，要不然，教育政策与实际课程大纲的策划及构思，如果像多头马车，各走各的调，那一份主导全国基础教育的核心课程大纲，不论研制得再多么严谨用心，耗费了多少专家的心血和时间，都好像是空中楼阁一样。

如果出版教科书的编印者思维无法搭配，反成为两条没有交集的并行线，那不仅无法相辅相成，对学生和老师成为有助益的资产，反而会浪费生命地原地踏步，而且批判、不满的时间成本就会增加，大家一起推动教育往前迈进的精神，就白白地耗费掉了。

从一而再、再而三地和不同芬兰人相处、谈话的历程中，我愈来愈看到他们在事物品质上的高度要求，更会在质与量之间找到平衡点。本来以为我们当地的书籍市场不够大，但是看着芬兰的例证，我们真该充满着信心与希望。

我总觉得，芬兰真像是面镜子。

她总能映照出与求快、求量、求先、求赢相反的另一种反向思维，而且还活得那么脚踏实地，并长期地把这种哲学注入在一举一动之中。

或许，对于芬兰书商与编著者的想法，乍听之下总是惊叹不已，但心中却浮现出不少足以印证的典型芬兰式思维理念，不论是设计、教育、产业与科技研发、音乐、运动、艺术等等，芬兰人相较下则是不疾不徐、不争不抢，不以"赢"为目标，反倒去追求事物的良性本质。

有时看着他们好像慢上大半拍，又带点钝拙，明明可以再多做一些，或者反应再快、再多样化一点，但他们总是"保守"地只先去做七分，直到累积足够的自信心之后，才又一点一滴架起剩下的两三分。但这最后阶段，反而是他们在厚实的基础上，奋力勇往迈进的精锐尽出。

基础教育之后：高中与职校

芬兰学生在九年的基础教育之后，到了初三，是否要面对类似我们所熟知的高中会考呢？还是要选择职校就读？还有什么形式的学历认定呢？

如果选择继续就读高中，那高中毕业之后，是否有大专院校的入学联考呢，还是只依据其他的测验机制，例如会考的成绩？芬兰中学生的人生规划与选择，到底有哪些？

芬兰并没有高中或职业学校的入学会考，初中毕业学生可以依照自己的兴趣与志向，以在校成绩表和学习报告，去选择申请进入高中或是职业学校就读。

依据芬兰统计局的官方统计，完成九年基础教育学业的学生，平均约有50.8%选择一般高中就读，40.3%选择职业教育和训练；这两者之间的差距不大，显示了升学或是职校，在芬兰中学生的选择考量上，其实是蛮务实的。此外，初中毕业生中，约8.3%比例的学生未选择毕业后直接进入高中或职校，这其中还有约0.2%的学生会继续基础教育的十年级，给自己多一年的准备时间。

芬兰教育部发现，近年来中学生选择进入职业教育训练的比例，有逐

基提莱镇上的莱维职业学校

年增加的趋势。一方面是政府鼓励学生拥有更宽广的人生规划弹性，另一方面则是希望更多青少年能具备一技之长，这样的社会与产业发展才会日趋多元、专业，产业界招收到的新生代职工也才会具备更实际、更符合潮流趋势的工作能力。

　　而15岁的中学毕业生，在面对高中或职校的抉择之际，已经拥有可以运用四年时间同时修得高中与职训文凭的弹性；而且不论职训学校或一般高中毕业，都可以选择继续进入高等教育深造。

普通高中

芬兰高中入学，是以初中生在校成绩为主要依据，有些特色高中入学时会增加面试。除了一般高中，芬兰也有部分高中，是以体育、音乐、艺术、语言等特色为主，因此入学招生时会对学生在初中的毕业成绩以及专长等等，有一定程度的要求。

多数高中采取联合申请，但有些高中则希望申请入学的毕业生必须选好目标学校，也就是将这一所学校放在个人的前三志愿，学校才会给申请人面试的机会。

另外，有一些高中本身就提供数理组、艺术组、音乐组和体育组等特殊才能班，也有些高中专门为了学生日后与入学国外高等教育的顺利接轨，而为学生做大部分科目的外语教学。这些所谓的国际IB课程，目前全芬兰已经有17所高中开设。

一般中学毕业生成绩达到一定的标准，如总平均分在7分以上，经联合申请程序，就能有机会进入自己学区或附近的高中就读；并不是所有的学生都会选择越区或特别挑选高中去就读，而主要是依据他们最后想偏重的学习方向，来考虑自己的学校。

少部分的高中会要求申请人的成绩总平均分达到9分，其中之一就是赫尔辛基市立的体育高中，这是体育与智育并重的典型设计。但也有许多成绩超过9分的孩子，会选择自家附近、自己喜欢的，或甚至只要有好朋友一起就读的中学；芬兰孩子们的自主规划和个人选择权，在平衡、均等的就学环境中，获得最有利的发挥。

芬兰多数的高中，都有相对整齐的素质，学区与学区之间、各校之间教学成果的落差不会有天地之差，因此初中学生并不太需要为了挤进所谓"好"高中，而焚膏继晷地牺牲睡眠、运动、兴趣、嗜好、寒暑假，去拼搏各科目的成绩。

芬兰的高中学生，年龄在16到19岁间，高中课程采取学分制，而不是年级制；一般高中生在2~4年间必须修完75个学分课程，其中必修课为47至51个学分，学生设定日后要专修学分的科目有10个，其余的可由学生自行视兴趣和时间弹性选修。

高中平均每周上课时数38小时，大多数学生以3年完成修业。

高中的必修科目，到底有哪些呢？

除了一些基本通识课程如母语文学、第一外国语、一般数学或高阶数学、生物、地理、物理、化学、历史、社会学、体育、音乐、艺术、健康教育等为我们所熟知外，其他例如，第二官方语言、第二或第三外国语（可依能力自选一个语言以上）、宗教或道德课、哲学、心理学、职业辅导等，则是芬兰高中比较独特的必修科目。

这些课程，有相当高的比例是延续了九年义务教育的基础课程，而在高中阶段协助学生进行更深入的探索。

高中生除了要负担部分选修课本的费用和高中毕业前所举行的全国会考的报名费用之外，其余的如各学期学费和营养午餐费等都免缴。

高中会考

高中修业完成后，学生会参加高中毕业会考。

这与我们的大学入学联考并不相同，因为，它本来就不是设定用于测试能否通过大学的招生，也不会直接分发毕业生到任何的高等学府就读。

所以这一项高中毕业会考，比较像是对高中毕业生学习能力的检定，是用来测验高中学生对在校所学知识和不同学科的了解程度，以及作为申请大学时的学历证明之一。

　　毕业会考每年举行两回，分别在春季与夏季。参与会考的学生，必须至少考四个科目；而其中唯一的必考科目是母语（也就是芬兰文、瑞典文或萨米文之中任择其一）。

　　另外三个科目是自选，参加考试的学生可以从第二官方语言（芬兰语或瑞典语）、外国语言（英文、法文、德文、俄文、西班牙文、意大利文等）、数学、社会学与自然学科（跨学科考试）等各科目之中，选择三项科目。

　　每次会考，学生也可以只选择考一至两项科目。因此，在准备的时间上较有弹性。芬兰语或瑞典语的语文会考方式，分为文字技巧测验与论文写作，而外语与第二官方语言的会考内容，则包含了听、读、写的测验。当然，学生也可以选择参加四个科目以上的毕业会考；这就由学生依自己的能力与兴趣来决定了。

　　毕业会考，学生依照日后想要申请进入大学就读的科系，来决定考试的科目。要读医科、理工等等，那数学是必考选项，也必须选择更专业的组别应考。如果是想要念文科方面的科系，那数学就不是必要的考试科目，但如果学生仍想参与数学考试，也可以选择一般数学考试类组应试就好。相当有弹性，学生可依自己的需求来决定。

　　通过会考之后，再依成绩结果和高中的在校成绩，去申请不同的高等教育学府。然而，每个大学院校的入学条件不同，最后还是得由学生依自己真正想读的科系，去进行各种申请与面试。

　　不过，高中毕业会考成绩，通常只是申请大学的参考依据之一，并不是绝对的必要条件；例如芬兰最新设定的大学教育学系招生模式，就已经不再看高中毕业会考成绩与高中成绩了，而是根据学生的人格特质，是否能够在日后成为适任的老师而定；后文在第五章会详述。

职业教育与训练

记得有一次台湾媒体来访，晚餐会上问我："为什么那些芬兰家庭会说要去念职业学校呢？如果是你，会让孩子念职业学校吗？"

我当场并未特别答复这个问题，因为当时的我，还未就此多方询问与深入了解。但心底想着，如果是以亚洲的标准与观点来衡量，那大家心里，必然或多或少已有了先入为主的答案。

每当我问起芬兰老师、学生、家长们选择念职校的原因，他们几乎都回答，这是孩子们自己做的选择，当然最后选择结果总是因各个孩子而异。他们认为并不是每个人都适合往学术研究来发展，有人就是适合从实践中学习。

芬兰教育体系很明显地愈来愈趋向开放、弹性，期许职训教育办得有声有色，兼具实用，让初中毕业的学生们，有平衡、多样的学习选择机会。

而一旦完成职训教育进入社会就业之后，都还有继续进修更高等教育的机会，甚至大学毕业生在进入社会工作前后，也可以进入职训学校修习专业技能。她所依持的教育理念，就是希望让学生知道，只要想持续学习，不论高等教育或职训体系，都会敞开大门地乐于协助、培养。因此，初中毕业学生可以依照个人兴趣，从非常多样化的职教领域中去选择。而申请进入职校是以中学成绩、面谈或其他基本测试为主。

职校除了提供给年轻学子就读之外，同时还提供在职的成年人入学的机会，让他们可以持续研习职场上所需的技能，以取得合格职训执照和更专精的技艺。此外，职校课程之中，也有一些并非为了取得执照，而只是为持续进修者所设的课程。

　　根据2014年最新的芬兰高中职业学校法，芬兰高中职业学校（Vocational Education and Training，VET）的修业年限为三年，学生可从八大不同领域中的52项职业证照及超过一百种职业课程中选择，学生必须修满180个学

每年芬兰高中毕业生欢喜庆祝的五月一日Vappu节

分（135个职训课程学分、35个核心科目学分、10个选修学分）；其中包括了基础科目、专门科目、在职训练等，基础必修课程中的部分学习，和一般高中的教学内容相似，以确保职校毕业生，具备一般高中的基本知识水平。

造访约瓦斯曲莱市政府时，市政府联络官望着窗外兴建中的建筑物对我说："我朋友的先生，就是那栋建筑的施工人员之一；他的薪资比我这个坐在市府办公室的高得多。"

现今芬兰的一般水电工薪资，超越了拥有硕士学位的基础教育教师，还因为专业技能与职训水准受到肯定，而成了奇货可居。建筑工人也因为营造工程技术的不断翻新，以及各种住宅、社区、产业厂区、公共建设不断推出，使得受过职训的技术人员异常抢手，薪资与福利都不输给大学毕业生进入职场的发展。

芬兰当今还有一项热门的职场领域，就是厨师。看来美食不仅是人类的普遍喜好，连带也让愈来愈多的新生代以拥有专业技能的厨艺为人生志业，所以各地职训学校的厨艺、餐饮管理及旅馆等服务业技能科系，都愈来愈热门。

所以到底该如何选择，要不要念职校呢？嗯，在芬兰，孩子们面对这项选择的时候，似乎比我们想象的容易。

毕竟，他们眼前的道路既是无限宽广，又能殊途同归。

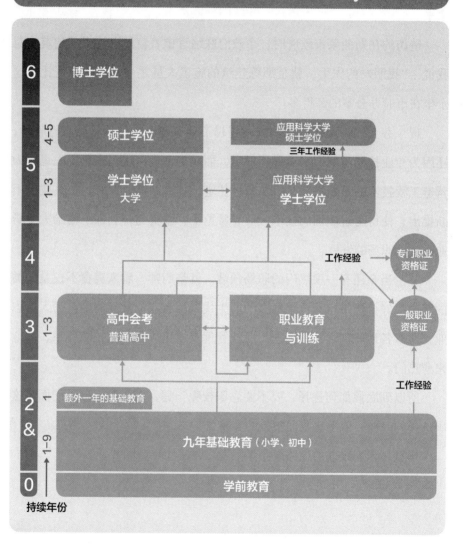

建筑比稿首奖的土库市立图书馆
借阅区一角

北极圈的中学生

Chapter

走访各地的感动

"出租车"接送上下学

一个阴雨不断、天色灰蒙蒙的十一月清晨六点多，我开车前往三所位于罗亚镇郊区的迷你学校。车子经过罗亚市中心，往萨玛提（Sammatti）方向继续开。其中的两所小学在同一条乡间道路上，间隔八公里的路程。

往萨玛提的道路虽然只有单线道，但建设相当完善，路两旁在暗沉天色下依旧看得出缓坦起伏的森林和农地，在车窗两旁滑溜而过。开了近十二公里，突然间，我瞥见右手边一个丝毫不起眼的标准芬兰小招牌，写着学校名称。老天，这要是下雪，标志一定会被皑皑霜雪给覆盖！而且若油门猛踩下，呼一声地错过好几里路也还不自觉。

把已经稍微开过头的车子倒回来，弯进学校的停车场，一栋古味盎然的木造建筑已映入眼帘，温馨的氛围、偌大的广场与后院，与其说这是所仅仅30位学生的公立小学，倒不如说它更像是一户人家，来得更为贴切。

才刚停车，就看到先前联系，深怕我迷路而e-mail一份网络地图给我的尤西老师。他停好车走了过来，流露出腼腆的芬兰式笑容欢迎我。

尤西客气地邀我一起进去，这时已是晨间八点多，我看到孩子们陆续乘着出租车到校。出租车？虽然我听过在芬兰许多偏远及郊区地方的孩子们，是搭乘当地政府付费的出租车上下学。

之前在赫尔辛基国际学校，看到美国大使馆为他们所有员工的孩子提供免费的出租车上下学接送，就已经是瞠目结舌。但今天看到的是整个学校30个孩子，不分家庭状况，全是中小型出租车接送。

我不禁和尤西聊起了孩子们上学乘坐的"交通工具"……

搭乘由当地政府提供的出租车上下学的孩子

他说："住在这郊区的学童，住家散布广阔，又因为区域内没有便利的大众交通工具，所以当局为了让孩童接受国家义务教育，提供出租车的上下学接送，费用由政府负担。"

对啊，在芬兰，宪法保障国民受教权，因此提供教育资源就包括适当的学生交通安排，这是政府应尽的义务。

在一个重视法律权利和义务的国家，所有的一切，包括教育，也是国家与国民之间的一种宪法关系。

我一边看着学生陆续坐车到校，一边走进了校舍的门厅，十分惊讶这所学校虽小，可是一切整齐完备！触目所及，绝不像是一座所谓的"乡间学校"，不仅教室的设备，甚至老师与校长的备课休息区、教学工具和体育设施等等，都有着等级不低的"私立"学校水准。这只是罗亚市十几公里外郊区的一所公立迷你小学！

罗亚市郊一所30人迷你小学的教室一景

同时兼管两所学校的资深校长，兴高采烈地迎接我，他引导我先到了餐厅，只见三张长桌的小餐厅整洁明亮，而一张桌上已摆了咖啡杯和吐司、火腿、生菜、奶油等等餐点。厨房里一位穿戴头巾和围裙的中年妇女，和蔼可亲、笑脸迎人地以简单的英语问我要喝咖啡还是茶，我一边谢着说咖啡，一边问着她工作和住家情形。

她就住在学校对面，每天来校为孩子们准备中餐和清洁打扫，接着悠然地指着窗外晨曦迷蒙，还透着微蓝天光的原野说："工作的地方能有这样的景观，有什么比这更幸福的呢？"她有如邻家大婶一般的脸庞，有着我望之莫及的智慧和温暖。

尤西在我一进门，其实话语就从未间断过，他和校长倒是都分别先问了我是否去过一所名为贝提莱的学校。一大清早开过蜿蜒的乡间道路，我一时脑子还不太轮转。"好像耶"，"嗯"，"没错的"，呢喃了几句。

他俩高兴地说："我们的太太就分别在那所学校当校长和导师！"我惊喜得愣住了，两对夫妻档，居然在两所截然不同的学校让我遇见！但先生们是在乡间迷你学校当值，太太们却在较近市区的中型学校教书，有趣极了！

想不到这世界，说大不大，说小还真小。

学校傍临着乡间车道，面对着优美湖畔与青翠树林，环绕着学校后方的整片森林，令我感到舒畅清新。虽然这乡间道路的车子不多，但车速比较快。孩子们一方面住得区域分布较广、路途偏远，一方面是路上并不安全，所以这里的30个孩子，每天都是由出租车分批接送上下学。

这不是奢侈，不是浪费，而是一种国家对善尽教育义务的用心与付出。

这里一到六年级的30位学生，采取了混龄教学，这很芬兰，务实又兼顾教学成效。

一到三年级在一班，四到六年级在另一班。上课时间弹性配置，有三个年级一起上课的时间，也有单一年级或是两个年级一起上课的时段。学校只有两位常驻老师，既当导师也当大多数科目的老师，英语课则由一位另外聘请巡回三所小学的老师，在固定时段来教学。

尤西老师的教学桌上，摆了不少教本和书卷，我问着有关课本的选择和混龄课程的教法，他倒是蛮自豪地把他和校长一起决定的三年级历史课本和低年级的数学课本拿出来，演讲似地述说着他做选择时的考虑，比如图页多元、内容精彩等等；不过他也说一个课堂内同时教两个年级，是比较需要花费心力的。

我问了他，是怎样到这儿来的？我心想，该不会是被分配来的吧？但他却理所当然地回答说："我自愿来的啊！因为混龄教学的挑战性高，不是每个人都可以胜任；我既可以住在罗亚，又能在这里教，蛮不错的。"

嗯，他选的是一份事业，不再只是一份工作了。

校长和尤西陪着我在整个学校走了一圈，这30人的学校，还真是应有尽有。不仅有室内体育馆，可以打篮球、地板曲棍球、手球、羽毛球，还可以做体操和舞蹈，更设有更衣间与淋浴室。

校长很自豪地带我去看了工艺教室，它就在这所学校1906年创立时的第一座建筑物内。1906年？天啊，这学校有一百多年的历史了！

这栋已然百年的古董级木造校舍，至今仍维护得相当好，不仅延用至今，让世代的芬兰孩子们在此跑进跑出，更是个文化与教育的历史见证！

乡镇学校的孩子，英语真不错

　　开车沿着来时路，回头往罗亚市区走了八九公里，就到了另一所我要访问的小学，它也是一座只有30位学生的迷你学校。无奈倾盆大雨的路况让人迷糊，竟然第一次错过了学校而往前多开了几公里，一发现不对，再回头才发现原来就是路旁有着开阔庭院的建筑物。

　　虽然它和前一所学校同样都是只有两位老师的迷你学校，但这间学校的建筑风格、教室、餐厅、教师休息室等等，却不完全相同，就像许多的芬兰学校一样，没有统一的标准；而这一间的校舍整体建筑成一字排开。

　　高瘦年轻的提摩校长正在上课，他一直自谦英文不好，带我到正在上英语课的艾雅老师班上。

　　艾雅正在教三四年级混龄的英语课，她热切地欢迎我进来教室和孩子们互动，三四年级都正好各五个学生，艾雅就用不同教材教着分坐教室两侧的学生，还邀我一起和学生谈天，学生们七嘴八舌地问起我的年纪、兴趣等等，我就这么和这群孩子们聊起天来！

　　一个小时很快就过去了，学生们该去吃午餐了，我信步走到隔壁空荡的教室（其实这学校一共只有三间教室），看着轻松活泼的布置和设计良

正在享用由政府提供的温热午餐的
芬兰学生

好的教材、教具，心里满满的愉悦和
喜爱。

突然教室里多了几位小男生，笑眯
眯地努力用英文和我打招呼，一位高年
级壮硕的男生，以颇为流利的英文说，
校长问我要不要一起用餐。但他却好像
更热心地想要带我先去参观学校。我决
定先去用餐，顺着学校的基本作息，和
学生、老师一起体验。

我和他们一起吃了肉丸，很是好
吃，难怪小女儿在学校最爱吃肉丸。这
时候几位六年级和四年级的男生活泼雀
跃争先恐后地来抢着要当我的解说员，他们一会儿问要不要喝东西，一会
儿又问吃得够不够。

我惊讶于这几位才小学四年级、六年级孩子们的英语能力，虽然在乡
野小镇的学校，却也能经由适当的教学，而有足够的沟通能力。

几位小男生向校长拿了体育馆与工艺教室的钥匙，带我去随处参观。
我边走边说，你们学校不错呀，干净清爽、井然有序、应有尽有。

六年级高壮的男孩说："对啊，不过，我们学校是小学校。"

回到走廊，看到另一位老师正在上美术课，现在是四到六年级的孩子
一起上。刚才的英文课是三四年级的学生一起。标准的混龄教学，难怪这
样的小型学校得以生存。

离开学校，外头依旧阴雨绵绵，校长从抽屉拿了两份孩子们自制的明

信片给我，还印了一张我要前往的下一个参访学校的地图，生怕我在偏远处迷了路。

　　我告别了厨房阿姨、老师、校长以及可爱的孩子们，走向停在硕大户外广场的车子，心中想着，30人的小学，也那么有特色！

　　原来，在小型学校里的孩子，也是可以快乐成长的。

15位学生的迷你小学

车子再调回头往罗亚城里开，上了高速公路，在离城区20公里外经过了一座纸厂，望见远处一座木桥，记得刚才学校的师生们说，我要找的第三所学校就在附近了。天际依旧阴郁，无法好好一睹景色。但，行经的森林与湖泊，已让我心向往。

一转眼间，我又看到一个标准芬兰式、小得可以的学校（Koulu）的告示牌，我找到了。车一开进停车格，闪过一个念头，我想，好像已经不用深入参观了，因为接连看到这样小型学校的环境，打破了我刻板的对"小"学校以及偏远郊区孩子学习生活的观念。

又是一栋百年木造建筑与森林绿意尽收眼底的学校。我一进室内，整齐、温馨、井然有序，我真的好怀疑，这是一所只有15位孩子的公立学校？

这样的环境，不仅城里孩子难以企求，更像极了传说中的私塾。

全校一到三年级，15位孩子。学生人数很迷你，但它和其他所有的学校一样，该有的设备一项都不缺。以整体空间的平均使用率来算，他们显然比我两位在首都的女儿们要幸福，因为整座建物的资源，就属于他们"私有"。

唯一的老师正在忙着招呼学生，而厨房的阿姨正在煮点心，老师请了一位当地社区人士来帮忙接待我。可能是年轻女老师的缘故，整个教室与走廊上的布置，温馨雅致，较像是甜蜜蜜的家。我的目光，停不住地东张西望，感觉处处是惊喜，这种氛围绝对是我女儿们在赫尔辛基城市的学校所享受不到的"奢华"。

罗亚市郊15人的迷你小学

15位学生的学校，当孩子到四年级后，就会转往其他更大规模的学校，到时候，当地政府一样会提供与现在相同的设备，而且与所有的芬兰体制一样，该有的营养午餐少不了，该有的书一样要提供。我问着终于停歇片刻的老师，不会因为地处偏僻而少了资源吗？

她斩钉截铁地说："当然不会的，宪法上有规定。"而除非政策是要关闭学校，不然只要学校存在一天，它绝对应享有所有义务教育中该有的福利与资源。

这些包括：一样是出租车接送上下学；一样有温热午餐；免缴学费；一样的高品质印刷课本与教材；一样的工艺课设备；一样的编织毛线和缝纫针具；一样的……

又是"不让一人落后"的政策落实。

整个学校，只聘一位老师撞钟，但不兼校工，打扫和煮餐有专业的阿姨，就和其他所有芬兰的学校一样。这也就没有谁管理谁的问题了，教育是良心事业，年轻的安妮说，她希望能一直在这个学校教书，我没问

15人迷你学校的安妮老师

为什么。

　　换成是我，如果也正好住在附近城镇，又能有这样的工作环境，每天开个20公里的车来上课，何乐而不为？

　　这样的环境，对于自小在城市长大的我，羡慕万分！如果偏远地区的教育资源一样，可是环境更好，建设也齐全，真是没有必要一定非往城镇去挤。虽然芬兰政府近几年来，在为日后学童人数递减的情形研议如何重整全国各地的学校，故而，偏远学校的关闭或合并，正在各地上演。

　　官方的说法是，要把教育资源善加利用，所以并校是为了给孩子更好的教育资源。当然，这些决策落实之际，会遇到当地居民的反弹抗议，也是经常见到的。

　　对于一所又一所处处是历史与社区岁月记忆的学校，其去留问题一再浮上台面，大家也只能随着趋势载浮载沉了。但是，随着人口结构的变迁，社区的再造，以及把关闭部分学校之后整合起来的资源投注于附近学校与学生，这似乎已是无可挽回了。

不管日后这三所学校是否仍旧存在，它们的确在每个时代阶段充分发挥了基础教育的作用。推动或反对关校的各方必然有其说辞，但是，这些说辞后的因应策略是否完善，才是更为人民所关心的。

为每个孩子提供最好的福利与基础教育，我想这点，芬兰始终都会全力以赴。

获现代建筑奖的学校

　　1998年秋季，赫尔辛基市政府教育局与芬兰钢骨结构协会，一起为赫尔辛基东边一所新建社区的中小学举办了建筑图稿公开竞赛，目的就是为寻求设计新颖、交互式的教学环境空间。竞赛的另一项用意，是希望发展钢骨结构运用于学校的建筑中，目的是想从学校周边环境寻找设计灵感，并促进学生对社区整体环境的体验与认知。

　　这座位于"阳光海湾"新建社区的中小学校舍，就是这项竞图比赛获得首奖的建筑设计所在地。

　　我一直很想到赫尔辛基几个区域参访，主要是因为这些地区的移民族裔比例较高，社会与教育也比较多元。正巧有芬兰朋友建议，可以前往阳光海湾社区学校看看！

　　"它是不是得过建筑奖，建筑中央采取挑高空间设计的学校？"我一时好奇就问起来。

　　"对啊！我之前就在那儿教过书！"朋友很惊喜地说。

　　当我如愿以偿站在这一栋楼高三层、结合空间设计美感与自然科学设计的学校前方，整座建筑设计概念一览无余。方正简洁的线条以及广泛运用透明玻璃、钢骨与木材的特色，利落、现代，让它和这十多年来的芬兰建筑设计有着非常近似的风格。

大片的落地玻璃面，不仅符合芬兰人民对日照阳光的渴望与需求，而且新颖摩登，配合着鲜明的缤纷色彩处处点缀，使北欧建筑的功能主义和实用考量，发挥得淋漓尽致。

在芬兰，这样的学校建筑设计与环境融合，随处可见。芬兰公共建筑的品质普遍相当优良，虽不是以华丽和硕大取胜，但却有历久弥新的时代感和价值感。大多数的图书馆、学校、文化中心等公共建设，都有一定水准的设计质感与建筑品质。

这栋有海景视野的得奖建筑作品，是为基础教育一到九年级，学生人数五六百位所使用，设计上分别从实际动手做和理论课程学习上去建构出两者既有空间，却又交互融和的概念性建筑。

我看到了三层楼挑高的上课与活动空间，专业的表演舞台与音效控制室，除了可提供给学生艺术活动与科技运用练习，还可兼作餐厅、会议厅、大小型戏剧表演场地等，更可作为物理学科的重力实验场所。

这所学校的建筑设计，既然标榜了要从自然科学与文艺活动两类重心来发想，所以当初进行设计时，就特别设计了一座景观台，让学生们可以用来观察自然生态。我看到室内空间中有一处像是鱼缸的大型玻璃区域，校长很自豪地对我说，这是让日光进入室内时可以产生折射，让师生有机会观察到不同光彩变化的实验区。

这座巧思贯穿各个角落的新颖学校建筑，让建筑设计师们精心规划的心思能完整融合师长的期待。它乍看之下像极了一所精美的私有建筑，但它不仅是一座公立学校，而且还有着高达17%的外来移民学生比例。

阳光海湾学校的外观一景

代理校长回忆说，当时前任校长的专长虽然是数学，但他与部分教师群很积极地表达了内心所期盼的教学环境。

学校里触目所及设计感十足的设施，不仅可见全透明玻璃教室，还有学生使用的大型置物抽屉间、曲线蜿蜒的廊间座椅、鲜黄色艳光四射的沙发等等，全是整体设计的一环。

在芬兰，多数的公共建筑设计，皆包含了整体的灯饰、桌椅等室内设计，成就了视觉感与应用上那种一气呵成、一体成形的整体美感。

这样的建筑能完成启用，除了带给孩子们良好品质、有设计感的上课学习空间之外，更让学校在频繁地接待教育参访团时程中，不时穿插一团又一团的建筑欣赏团；它正好也成了展示芬兰建筑设计与公共建设的最佳平台。一举两得地既造福社区莘莘学子，又呈现出国家的设计工艺水准。

创造温馨的学习环境

去了阳光海湾社区学校两回，除了第一次去看中小学之外，第二回是到它对面的托儿所、幼儿园与低年级学区。

那天，代理校长忙得不可开交，除了赶着上课外，正午时分还得接待一批来自日本的建筑参访团，前来观赏学校的建筑以及具有实用功能和美感的设计。

此时，我不禁想起两年前在赫尔辛基的卫星城艾斯波（Espoo）拜访过一所位于森林区里的学校，它环境优美清新、校舍建筑现代气息浓厚、色彩鲜艳夺目，不论我到过学校几回，每次一看到它，除了让我有着远离城区的舒畅与悠适，它的建筑风格也与阳光海湾的新颖学校一样，都各有千秋地让人眼睛一亮，并常接待来自世界其他各地的建筑参访团。

想不到，这一栋一栋优质的建筑空间规划，不仅善用了纳税人的辛苦钱，也为一代接一代的学子们创造了良好的学习环境，更能成为建筑设计美学的实际教案以及社区景观与人文整体的骄傲。长久来说，更是为家乡故土创造永续经营的环境与美感。

但我觉得特别值得一提的是阳光海湾学校里的残障学生教室与桑拿空

阳光海湾学校专为残障生所设计建构
的三温暖浴间

阳光海湾学校专为残障生所设计建构
的浴缸

间。里面的设想真是贴心与完善，因为专为残障学生所设制的桑拿和按摩浴缸空间，非常宽敞，到处附有双把手，而且各种更衣、淋浴、盥洗设备，都依照残障生的使用高度来设计。

我问校长："那他们何时使用这些设备呢？"

校长理所当然地回答说："上完体育课之后……"

的确，在芬兰，孩子们上完体育课会去冲澡，我们家两个女儿上学就是如此。芬兰学校的基本概念就是让孩子们感觉舒适，不要汗流浃背穿着湿衣服一整天，苦了孩子。

完善的淋浴间与个人物品置物柜，就成为学校的基本设备。和一般学生一起上课的残障生，当然也享有同样的沐浴更衣权利，只是芬兰平平实实地把它付诸实现，让我为之感动不已。

看到隔壁教室里坐着一位残障学生，与一位老师在这间宽阔的教室进行一对一的学习，他拥有和北极圈里以及芬兰其他各地学校残障孩子一样，由学校配发给他们个人学习使用的手提电脑。老师就和他一起，运用着校方配发的科技设备，上着一般学生们都会上的课。

我转回先前所见，这间宽广的淋浴与桑拿间，就是提供给这些需要更多照顾与教学资源的孩子们。他们行动不便、坐着轮椅，有些手脚萎缩、有些颈部肌肉发育不全，但他们的学习与成长，不会因为公共建设与教学资源的不足而被教育体制所忽视，反而享有比身体健全孩子更宽广、更充足的空间，以及更符合他们的体能与需要的设备。

拉普兰首府中学的残障学生与个人助教

平心而论，为孩子们提供更多科技设施设备的成本，计算起来都是很有限，但启发人脑与培养人才的长远规划，却是无价与无限！

想起全身瘫痪的英国科学家霍金，如果他因为肌肉萎缩症的不良于行，而被迫放弃了研究志业与学习环境，那日后震撼天文学界的《时间简史》和宇宙黑洞理论，就不会问世而影响全球科学界至今。

科技是服务人类的，尤其是让身障者获得和一般人一样发挥身心智能的机会，就是科技最伟大的人文贡献。

科技又能花教育界多少钱？但它适切地为身障者所带来的心灵与思想解放，的确是无穷的价值；不论科技是为了可能成为伟大科学家的霍金，还是一位小小年纪的轮椅学生，它一旦被善用，就是最无价的！

建筑比稿首奖的阳光海湾学校挑高空间设计

当公共政策与环境建设已经将"无障碍空间"视为整体设计不可或缺的环节时，身障学习者的教育与辅助资源投入，就是必要的基本理念。毕竟，要想落实"一个都不放弃"的教育思维，就必然会视人人都有价值。而光就推动建设硬、软件的用心上，就让我看到了什么是把"人的价值"置于核心。

这样有建筑美感的学校，芬兰各地皆有。当然，不同年代建筑起来的校舍，必然反映出各个时代的思维，20世纪70年代所盖的部分学校建筑风格，现在看起来就显得老旧、窄狭、灰暗。

所以，一些学校的建筑与空间规划和比较新颖的建筑设计迥然相异，也明显有新、旧的分野，但至少各地区的基本校舍与学习空间，仍在现有规模内求新求变，更有不少不同时代的知名优秀设计作品分布各地。

淑女左手臂上的小镇

2007年11月底，我只身飞往芬兰北极圈内的拉普兰。先从赫尔辛基飞到拉普兰的基提莱镇，当时才下午三点一刻，但在几近永夜的北极圈，已是漆黑一片。

我在基提莱小机场，凝视着窗外看似永无止尽的纷飞大雪，我的心，也随之飘荡，有着丝缕的茫然。在迷你机场足足等候了三个多小时，就是为了转搭长途巴士前往芬兰与挪威、瑞典边境不远处的恩侬戴奇欧小镇。

本以为，北极圈这么深处的小镇机场，必定渺无人烟，旅客就我一人，没想到小机场还真繁忙，一团接一团来滑雪的欧洲游客热闹极了。这时，我才猛然想起在附近有一座北欧出名的观光滑雪度假胜地莱维（Levi），它为不到6000人的迷你小镇，创造出惊人的极地观光奇迹。

为了这次的访问，我向来自拉普兰首府罗瓦涅米的朋友请益："我想走访真正的拉普兰，想去实地勘察远在拉普兰地区最深处的基础教育，看看是否与芬兰其他地方有何差异。另外，我也对于拉普兰原住民萨米人（Saami）的教育概况充满兴趣。"

在之前的访问与研究中，我已经知道芬兰在30年前开启的现代教育改

我在极圈的夜里，等着巴士赶往恩侬戴奇欧小镇

革，就是从拉普兰的首府罗瓦涅米向南一路推行；主要原因不外乎拉普兰与首都赫尔辛基之间超过千里的距离，足以抵挡任何深度改革的抱怨声浪。

拉普兰的朋友克丽丝汀娜建议我："那你可以去恩侬戴奇欧！"

我看着她，当场哑口无言，脑子一片空白。一时之间，我连这个叫什么的，都念不出名字来，更别谈她的所在位置。

我充满疑惑地问："我真的得去那么偏远吗？"

她一脸笃定地说："对啊！"

随手翻开记事本中的芬兰小地图，这个恩侬戴奇欧距离赫尔辛基有1200公里之远。不过，仍一咬牙和朋友说："好，没问题！"

"但是，十一月底，天会有多黑？如果日照不足，那拍摄出来的照片就不够好看，那该怎么办呢？"我又没头没脑地问着她。

"黑与暗，才是拉普兰人冬天的真实生活。"她好心地笑着说。

对呀，在北国生活了五六年，难道我突然忘了吗？真正要走访当地真实的层面，就不能挑最好的季节，不能只选择观光客会前往的季节才去，而应该是随时随地去直击最平实的生活与教育。

我诚心诚意感谢她的善意提醒，如大梦初醒般放开了心怀。

十一月深冬夜里的北极圈罗瓦涅米市地标：飞跃驯鹿

　　"你放心啦，多少还是会有日光的，而且只要下了雪，就会增加不少反射的亮度。"随后她笑笑说。

　　心里还真想继续问说"真的吗？"，但担心烦扰，于是低头猛喝了一口带点苦涩的茶……

　　天啊！我在思虑什么呢？

　　我知道，要去真正了解一个国家，就如同想要认识自己和其他任何独立的个人一样，必须永无止尽地广泛、深入地走访和探索，没有气候或环境的阻隔。

　　拉普兰的北极圈，我这几年曾经分别在不同的季节和月份去过，在二月、三月和七月，只是这回是选择了几近永夜的十一月底，而只因为我不是去玩耍嬉游，心中竟会燃起如此多不切实际的不安与疑问！

　　我经过整整10个小时的飞行和等待巴士，终于来到了2000居民左右的恩侬戴奇欧。这座小镇唯一一所高中、初中和小学三合一的综合学校校长皮亚欧，建议我住在一家有历史传统的家庭旅馆。

抵达的那天晚上，已经将近十一点。旅馆温馨雅致，不仅室内灯光通明、整洁舒适，而且无线网络完全畅通，我的手提电脑即刻上线。恍惚之际，我完全不认为自己已经身处宛如一位淑女的芬兰地图中，在拉普兰敞开的左手臂尖端上。

极圈镇上的中小学

恩侬戴奇欧镇，正位于芬兰淑女左手臂高举起的尾端，所以当地人称之为"拉普兰之臂"（the Arm of Lapland）。女儿们说，芬兰这位穿着知名国宝级品牌 Marimekko[①]的长礼服女孩，原本展开双臂欢迎大家；然而，她的右手臂，却不幸在二战后被掠夺而去，所以变成今天的这位独臂淑女。不过，她却依然招手欢迎大家。小女儿还特别扮成了这个淑女的模样，我俩会心一笑。

一早，校长就到旅馆来接我，小镇总有着大城市少见的浓郁人情味。她说，许多人无法相信她能在这里一住就是三十年，但拉普兰的自然、洁净、安详、简约等等深深吸引她这个都会女子，让她在初见之际，就此结下大半辈子的教育与人生情缘。我花了一整天在学校参观访谈，就如同我在所有走访过的其他芬兰学校一样，眼里见的、耳里听的、相机镜头下的一切，

---

① Marimekko，创立于1951年，是芬兰的国宝级服饰、织品、提袋等设计品牌，也是芬兰人的骄傲。它以亮眼的大型图案花色及坚韧、耐久的优良材质，长期占有西方及日本流行品牌一席之地。Marimekko品牌历久弥新，十分擅长从经典花式图案中创造新意。

都让我惊喜不已！

所谓"偏远地区"在我们习以为常的看法里，是一种什么样的景象呢？

在这偏到不能再偏的极地北疆，一个不到2000人的城镇，讲拉普兰语的人口占了9.2%。而这一所周边广大区域内的唯一学校，小学一年级至中学三年级，学生人数约140位，高中部包含了其他不同地区的学生，约36位。

我事前真不知会看到哪种形态的校舍、教学设备、师资和教材。我也不抱任何预设想法，就让最实际的状况在眼前展现吧。结果，我是超乎预期地、兴高采烈地在校内穿梭来去，和师生一起享受了一段开心愉悦的访谈。

我对于小镇学校里应有尽有的设施，一直赞美不已。从室内体育馆、明亮讨喜的教室到设备完善的整洁厨房、门廊走道上的灯具挂钩和橱柜等等，都令人感到欣羡和感动！来到学校兼镇上的图书馆，乍见分别以拉普兰文和芬兰文标示的图书馆字样，想起这是拉普兰地区的标准双语标示。

一进图书馆，我不禁惊讶地问，镇上到底有多少孩子呢？能让一座麻雀虽小五脏俱全规模的图书馆得以"生存"？图书馆的儿童藏书部分，如果不包含瑞典、挪威和芬兰等三国共同分享的流动图书馆，直接拿藏书量除以镇上的孩子人口数，那每个孩子平均能借阅、拥有的书籍数目，绝对不亚于大城市里的孩子们。

学校高中部的住宿区域，提供给更偏远地区的学生免费居住。以整个萨米族区域来看，几所周边的学校加总算来，有11%左右的学生选择以萨米文为母语。但是来到学校一整天，我怎么样也难以辨识萨米族人咧！

校长说："别说是你了，我也分辨不出来。每一回，我都还得请教他们呢。"

　　芬兰对于萨米族裔的定义是,只要具有1/4萨米血统就算是萨米人。但由于芬兰在拉普兰所投注的教育与资源普及,萨米族人已过着与其他芬兰人等同的现代生活。

　　我对校长说:"来到了极圈深处,看到学校提供给孩子们的温热午餐、教育设施、图书馆资源等,都与城市里的不相上下,我真心赞叹!"

　　校长后来问我:"你下回何时会再来呢?你下次再来,我一定要帮你安排一场演讲。"

　　我很好奇地问说:"讲些什么呢?"

　　她笑着答:"就是你刚才和我一起分享的这些心得啊!"哦,是这样子。我了解校长的想法,有时芬兰当地的学生们也会有"生在福中不知福"的心态。因为每次我对于芬兰人所拥有的资源,从不同角度加以说明、分析

恩侬戴奇欧小镇的图书馆儿童区一角

和赞赏，却也意外地让部分不同时代成长背景的芬兰人觉得有些惊喜。毕竟他们所身处的社会，从小到大所经历的教育、成长、交通、自然环境，一切的一切，似乎都来得如此自然、安稳。

当一切事物看似唾手可得，一切生活资源尽皆丰富无穷，一时之间便无从比较，那，孩子们何以知道自己真的拥有比别国的学生更多呢？

恩侬戴奇欧学校校长是希望学生借着外来访客的分享，而了解自身环境。的确，人有时确实必须借着他人来了解与认识自己。

在教师休息室中，标示着价格的各色绒毛围巾与手套，吸引了我的目光。我问校长："这些是学校在卖的吗？"

她说："是啊，九年级的孩子明年要去意大利一周，这是筹款用的。"我二话不说，拿了30欧元，买了两条围巾给女儿们当礼物。

我心有同感地说："我们家老大明年五月也将随同全班到英国八天，所以，她们也在做募款与义卖活动。"

我衷心祝福他们的意大利之行。连续三年的筹备与募集旅费，相信对于孩子们是个很好的学习；从极地至南欧，必是孩子们终生难忘的旅行初体验！

我们有全世界最好的水质

结束一整天的学校参访，我独自漫步于天幕低垂已近完全黑夜的恩侬戴奇欧市区，沿途禁不住随手拍摄，就这么走回旅馆。温暖的灯光让满室通明，我踩着户外厚实的雪进来，突然想起昨日深夜问了旅馆的柜台："房间浴室水龙头的水可以喝吗？我想买瓶矿泉水。"

"水当然可以喝，这是全世界最好的水质。"当时这位老妈妈十分不解地看着我说。

我顿时感到很不好意思，深感自己又扮演了一次都会人的"傲慢与偏见"；我脑中原先以为城乡之间，应该是有些差距的；因为我原先以为这只不过是座2000人的小镇，凭什么会样样俱备？

但回到房间，在水龙头下接了水喝，竟然比赫尔辛基或其他城市来得甘甜！这时我油然想起，英美报章杂志上的许多报道，都提过拉普兰地区的水质，就是一如水晶般的澄净清澈。

难怪，我在学校访问时会忍不住和校长说，天啊，这么温馨的小镇，市中心就是由一排笔直的商家店面所构成，远处白雪覆顶的起伏山峦，十一月底的暗蓝天色，犹如破晓时分的微曦晨光，与我前几回在二三月间

北极圈里恩侬戴奇欧小镇的学校

来时所见的明亮晴朗的湛蓝天际，有着截然不同的反差与对比。

　　但那种天地浑然一体、人与自然如此贴近的感觉，竟是我这趟走访过后，才真正认识到的！

　　拥抱着如此自然的环境，难怪校长和一些老师会一待就是二三十年。这里的孩子，虽然地处"偏远"，但因为国家的教育政策与资源共享一毫不差地施行出来，反而让他们拥有了比城市孩子更多的大自然福分。

　　他们在冬季可以和家人骑着雪上摩托车四处游走，生活步骤可以不疾不徐，更可以在最不人工的环境里与自然为伍，欣赏四季变化多端的天色。即使是深冬的十一月天，看起来一样暗沉的天色，但每一两个小时就更换色度。从破晓到落日，一样的日月，还是会有不一样的光彩。

校长补充说了：“这里的孩子比较不爱滑雪。”

我有点讶异地说：“真的啊？可是，欧洲南边的孩子，还有其他亚热带的孩子会多么羡慕，有的还得千里迢迢远征来滑雪！”

校长笑开了，我其实也明白，生长于雪季长达半年地方的孩子们，滑雪是从小到大生活的一部分，也许会有点腻，对吧？

待在小镇三天两夜，终于到了要转往北极圈下一站的时候了，我拖着行囊，踩在旅馆外厚实的雪地上，在天还没亮的清晨七点一刻，来到长途巴士站等候。我一定得赶在十点半以前来到基提莱镇，那里还有一整天的访谈行程等着我。

莱维山边的基提莱镇

一登上巴士，我就昏昏欲睡，反正外头一片漆黑，啥也见不着，又在瞌睡的情况下，当然不免倒头就晕。车子一路行驶，陆续上来了不少乘客，多数是不同年龄的孩子们，在黑暗的极地一早，就已经纷纷得去赶巴士，有的坐上十来多公里，有的坐上百公里路，为的就是去上学。

我从原先的昏睡，到被车上吱吱喳喳的孩童话语声惊醒，心想着这些孩子们的作息，一个国家的基础建设做得好，交通设备完善，就算身处于最偏远地方的孩子，也一样有享受教育和社会福利的福气。

想着想着，孩子们已经纷纷下了车，往窗外一看，巴士已准时来到基提莱镇。

第一站是参观镇上的莱维职业学院，并被邀请品尝了餐饮学科学生们所烘制的墨西哥餐。这所公立的职训学院，为拉普兰地区造就了不少在当地开创事业的经营者，更建立了社群环境和服务本地、外来游客的各类营生。

能在如此"偏远"的北极圈，平实地为当地民众的下一代构筑出多元的学习与就业条件，总让人感到佩服。我一面吃得开心，也一面端详这一群青春活泼又已经身怀各项技艺的男女少年，想到只要付出一样的资源与关心，城乡之间就应该不会有极大的差距。

基提莱镇上的校园一景

参访快结束之际，我和职训学院的老师说想要去镇上的图书馆；迷你小镇人情味浓厚，她二话不说就开车带我到了图书馆。

果然，又是一座麻雀虽小五脏俱全的亮丽公共图书馆！

建筑外观大方，内部陈设整洁新颖，馆内的人员专业，里面的藏书丰富。我老毛病又来了，在心中马上算起数学，当然不外

基提莱镇校园在十一月深冬的暗蓝微光天色

乎又将儿童书籍或是总馆藏书量，除以当地的人口数：果真又是个丰硕惊人的比例。

小镇的中心，是一排排笔直分列道路两旁的各类店家，而图书馆就在中心处显眼路口，周围环绕着层层厚雪覆盖的白桦和松柏树林。

随后来到镇上的中小学，一进门，校长劳里客气地帮我拿了行李到办

公室，我赶忙说自己来就好，毕竟来了北国生活几年之后，凡事自己来，不认为要女士优先，已经是基本的自我要求呢。

和校长一进入空间不算大的教师休息室，几位老师正好在喝茶，大家一阵开心寒暄。走访芬兰不少学校，有时发现男女校长，所营造出来的氛围很不相同。男老师多了些大而化之的开朗和不拘小节，女校长们总是相对的细心，却多了份严谨下的和善，实在各有千秋，好有意思。

难怪芬兰一直希望男女老师的比例能够相当，因为男老师的处事为人较为爽朗，这不仅可以成为男、女孩子们的学习对象，也会让师生们一起都有更多机会了解男生的世界和男女相处的成熟方式。

校长帮我介绍了每位老师，我们一起先喝了下午茶。一进门，我对桌上一摞摞儿童精装书册很感兴趣。这些全是孩子的课外读物，但同一本书竟有近二十册，我好奇地问："这些书是学生的读本吗？订了这么多？"

校长回答："是啊，因为阅读很重要，所以我想，如果一本好书能让许多位学生同时都能读到，不是很好吗？"

我心里暗自盘算，如果一所学校愿意购买同一本书十来册，再加上全国各地图书馆的购置，那一位作家的书要卖个5000本以上，应该就不成问题了。

书写得好，是基本要求，但好书能好好地卖，有适当的销路，才能激起更多的作家用心创作吧。这样，才更能让阅读与写作产生良性循环，生生不息。

校长还说，"我们这个镇的经费还不错，可以多拨一些给校方规划购买图书。"我在想，该不会是附近滑雪度假中心所赚的钱吧？藏书不少的镇图书馆就在附近，想必也雨露均沾地分享了不少书册购藏的经费，多好啊！

　　看着这位出身自基提莱镇的劳里校长，从小男孩时起到中学都在镇上就学，虽然在拉普兰首府罗瓦涅米念大学，但毕业之后，又再回到镇上的母校当老师，最后还当了校长。劳里和我说，五万人口的罗瓦涅米对他来说，实在"太大"了！

　　他突然说："等我一下。"

　　他从柜子里找出当年在这所学校念书时候的旧照片。我一边看一边心里自问着，回到只有5000人的家乡服务？为什么？可是，又为什么不呢？

　　如果学校里应有尽有，老师、校长都能拥有充分的自主权，优质安全的自然环境近在咫尺，不仅可以实现自己的教学理想，还能为孩子们规划购买许多的好书，教学设备与城市里的学校又相去不大，那么，老实说，小镇和大城，就是每个人自己生命里的选择了。

基提莱小学校长为孩子们订购的课外读物

北极圈里的温情

　　走访基提莱和恩侬戴奇欧这两座城镇期间，有时在学校参观时会遇到比较年轻开朗的老师，或是活泼好问的孩子们，他们总会努力以所学、所知的英语，问着我各式各样的问题，比如说，从哪儿来的？来做什么？来芬兰多久了？喜不喜欢芬兰？

　　这些小学四到六年级的孩子们，总爱争相发问，我明显地看出芬兰的时代正在交替、改变；一般旅游书上所塑造的芬兰人木讷、寡言的形象，或许会逐渐因为一代接一代的新生族群，通过新的学习方法、教育理念与教学模式，在日益国际化的环境中潜移默化，进而大大改变一个民族长久以来惯有性格中的特定气息。

　　孩子们总热切期望我写个汉字，介绍一些简单的招呼用语，有时我正好碰到他们的英文课时间，就和他们开讲个大半堂，一下说说亚洲，一会儿说起有关的地理、人口、气候、文化、流行……能在北极圈里和一群群孩子们讲着自己家乡的点点滴滴，心里煞是温暖。

　　孩子们后来渐渐问了不少亚洲学生上学的事，他们问道："亚洲学生考试多吗？"

极圈中的课堂，黑板前方有张硕大的北欧地图

　　我据实以答，同学们有点瞠目结舌；老师帮忙解释说，其实孩子们都很不爱考试。

　　我想起之前大女儿跟她伯父在Skype上说，她六年级开始，考试就好多哦，在电话那端的大哥，有点困惑不解，怎么芬兰也会考那么多试啊？我则在一旁笑着解释，嘴里一边还念说："小姐啊，你真是不知道什么才叫作考试多啊！"

　　"那你们都吃什么样的食物？"北极圈的孩子又问我。这个问题，我蛮擅长的，说了一堆让自己都垂涎三尺的美味食物。

　　"那有什么鸟类？"天啊，这真是考倒不擅长生物的我。

　　我据实以答："等我下次回去后，一定会带着女儿们到处去认识与了解，到时候再写信来告诉你们哦！"

　　全班都很高兴地拍手叫好！

　　其实刚才走进教室时，老师有点懊恼地跟我说："哎，这次数学的单元测验，孩子们考得不好。"

我在一旁跟着走，只点了点头，不知该作何反应。

她接着说："你知道吗？我不能够就这样将这些成绩发给同学们。我已经和校长说了，必须再想个方式，去了解一下为什么大家没考好，是考试题目太难，还是他们没有弄懂。我们再来温习一下，之后再测验一回。"

她又说："考试不是要给孩子带来挫折的，考试只是让孩子和老师共同了解学生对于这门科目的认识到了哪里。"

说得真好！记得小女儿在期末课程结束后说："妈咪，海蒂（女儿的班级导师）说，我们这次考试考得不好，她要再来想想怎样帮我们复习。"

看来，考试的目的是大家一起求进步，而不是抓出退步的加以惩罚。

极圈孩子写下的中文笔记

一代更比一代好

从基提莱的小学来到了初、高中的校区，天色已经非常昏暗。

室外气温零下七八度，我沿路一边跟校长谈着，一边忙着拍照和欣赏雪景，其间还和迎面而过的学生打招呼。我对校长说，这里的雪景真的和南边的不一样，光是落在树梢上的厚雪模样就不同，像极了风景明信片，真漂亮！

"日本人还问我，你们怎么做出这种树的？"校长笑嘻嘻地说。

"他们觉得这树景和雪景，都很不真实。"

这所镇上唯一的中学，不仅学校里的校舍和各种设备一样应有尽有，而且学生活泼、好动、勤于发问，也和其他各地的学生不相上下，看不出任何城乡差距。

当然，拉普兰的问题还是在于幅员广阔、人口稀少且分散，学生数目和前来地方担任教职的男女师资比例不均等。才走进高中部一位年纪稍长的女校长办公室，她没等我和小学部校长坐下，就已经忍不住地和仍然站着的我俩，大谈她的教育理想和教学概况。我们所穿的厚重长大衣，还来不及脱下，就站了一个多小时听她说得起劲。

在不同年龄层的教育工作者身上，总能多少反映出一个时代的风格与塑造过程。在不同性格的人身上，也能看出他们对于自己国家教育发展的乐观或悲观看法。老一代的，总不免会忧心下一代的学习能力与技能竞争力，不是认为他们的数学不够好，就是觉得学习环境太自由了，和师长的互动、说话方式都多了点。

但我倒可以看出年轻一代的芬兰人与上一辈之间的显著差异。任何一个时代，总有着对下一个新时代子弟的不确定感，然而新生代的活力、思考、学习与国际化程度，绝对会为这个国家带来不同的希望与发展前景。

虽然芬兰的长辈们总对新一代的青年学子不太喜爱学习瑞典语和不愿意选修俄语而感到忧心，或对于儿孙辈们的纪律、数学能力等比不上自己这一代而深深烦心，但时代交替所逐渐展露出的包容、开朗、自由、国际化，与之前时代相比，不仅毫不逊色，更绝对会提升到另一种让人啧啧称奇的层次。

在芬兰教育体制与教师群体共同致力推动受教权平等、两性平等、启发式学习、终生阅读、知性与感性并重、体育生活化等等的趋势下，芬兰学生一代代地在良性循环的教育体系里，逐渐成为能够接棒推动国力、提升与改善生活的民族幼苗。这是一个重视教育理念，也同时重视落实教育政策的国家，所能给予百年树人的最佳定义与实践。

竞争力，来自何方

拉普兰基提莱镇上这位资深女校长对于芬兰目前高中学生的数学程度颇为担忧，因为高中毕业考，数学已不再列入必考科目，她忧心这样如何能再让芬兰继续撑持起高科技研发与科技江山的地位。

抱持这样看法的女校长，当然不是唯一的，总有一部分芬兰人认为芬兰教育不够严谨、不够有纪律，不像他们"以前"那样管训严格和要求高标准成绩等等。

但不同时代的人，本就有不同时代的教育环境与教学方法，能够与时俱进地改良，并找出最适合当下的教学理念，才能让教育品质不断提升。每一代总会对下一代有些指指点点，但只要确实找出改善之道，那每一代之间的差异就不需要担忧烦恼了。

方法与理念可以求同存异，但是，社会的核心价值呢？大家公认的社会公平正义基础何在？

芬兰社会所看重的价值，就在"平等"二字！如何珍视"平等"？如何让下一代知道、尊重"平等"？如何在教育中落实"平等"？这似乎成为芬兰社会共识中的共识、理念中的理念，称之为"核心价值"当不为过。

只有当一个社会里大多数人都能体会确实需要每一种不同的人才，互相平等看待，互相尊重职业出身，互相认同学习需要，互相了解志愿类别，互相认定彼此扶助，才能生存发展，也才会真正落实生根。

这几年间，常常在访谈、观察过程中，不自觉地问我自己为什么，为什么在不同群体、不同地区、不同校际，短短几分钟或长达两三个小时的访谈中，最后总会呈现很相似的芬兰社会与教育基础价值观："平等"！

这显然不是一种可以被教导出来的"口号"，因为在开放、民主、自由的社会里，不同年龄层、不同性别、不同族群的人，是难以统一口径去表达同一种概念的。而且芬兰在男、女性薪资水准与工作环境上，要达到真正平等与相互尊重，还有着必须努力改善的空间。

但大家对于"平等"必须源自于求知权力与教育机会的均等，则众口一致地认定这是基本价值，也认为芬兰长期以来确实履行了教育的真正平等。

十二月，一个难得有阳光的午后，我和拉普兰朋友碰面叙旧。

"在你看过、去过那么多学校，观察了这么多不同城市乡镇之后，有什么结论吗？"克丽丝汀娜问道。

瞬间，我沉默了。

半低着头，露出浅浅的笑容说："怎么说呢？怎么——都一样！"

她笑着回答我说："那是好事啊！"

我所说的一样，是城乡差距小的一样。

我所说的一样，是教育资源共享情形相同的一样。

我所说的一样，是各地校舍与建筑品质优良状况相同的一样。

我所说的一样，是学校与地方图书馆分布、藏书丰富情形相似的一样。

北极圈里基提莱镇上功能完善的图书馆

　　我所说的一样，是不论你我的出身和家庭，绝对保障享有高水平基础教育的一样。

　　我所说的一样，是不论你是在芬兰的中部湖区、是在芬兰与俄罗斯边界上的卡列里亚省、是在西部与西南部瑞典语地区、是在冬天长达半年的北极圈内，学生都一样有着热腾腾的营养午餐可吃、有一样高水平的教科书可读、有一样基本素质优良的教师引导、有相同的教学理念被完整地执行出来，以及充足的课外读物鼓舞着学生的心灵。

　　要能真正落实这一切，的确非常不容易，没有几十年教育界勤勤恳恳的推动、规划、执行，恐怕没有今天的实质成果。也因为如此，我更觉得芬兰的教育经验，难能可贵。

　　乡镇有乡镇的美好，城市有城市的优点，尽管每个地区存在原本的差异性，但在一个相对独立自由的体制中，全国各地都能遵照基本的纲领施教，也因为讲求法律保障受教权利的确实执行，让教学体系能一面遵照规范，一面又能自在发挥出自尊与自信。

　　教师们被教育体制启发、鼓励发挥教学创意，体制更期待教师们独立自主地为教学成果负责。大家都参与，每个人发挥长处，不仅先得到体制的尊重，而后还自尊自重。芬兰名闻遐迩的国家竞争力长期基础，就是这样被一代接一代的优质教育体系所积淀下来的吧？

拉普兰首府的惊喜

北极圈内的学校，大大小小又都是"一样"！

我再次见识到，北极圈拉普兰首府罗瓦涅米的中小学校，果然和其他地方的学校一样是"了无新意"的好！

一样好的教学设备、一样好的课堂环境、一样优质的师资水准，我开始怀疑自己为什么要花上数千本书的版税，去寻找这样"一致"的结论。

但我不这么做，恐怕永远无法说服自己，芬兰教育的平等是扎扎实实地推行在全国各地！不论是远在天边的北极圈，还是南到波罗的海岸边的赫尔辛基，一致性高得惊人！

我在芬兰住了、跑了这么多年，知道自己不能只以赫尔辛基看芬兰。

有时候当我和芬兰人说，我到过这么多城镇，连他们也张大双眼地说："真的去过啊？！"

还有人笑着说："我真怀疑那些人如何在这么小的城镇上生活咧！"

只要有工作机会，我知道许多芬兰人和拉普兰人会真的喜欢那个"真正"四季分明的天然环境。看看那么多在北极圈里一住就是二三十年、投身教育的男女教师们，就从心底感佩他们。他们确实做了一个艰难却不会让自己后悔的生涯规划。

人有时选择迁移，是为了谋生，也可能是为了梦想。

迁移不是坏事，也不代表会把童年的记忆以及对乡土的热爱之情一笔勾销、完全淡忘；相反的，无论投身何处、做何种职业，只要拥有一个有尊严的自我和对故土永铭在心的恋怀，就足够了。

在罗瓦涅米，我去了两所中小学、一所职业学院，以及拉普兰大学的教育学系；如果加上先前探访过的拉普兰基提莱镇和更北边的小镇恩侬戴奇欧，那我这一趟走访拉普兰，算是颇为丰富的探访之旅，也更让我对芬兰投注在所谓"偏远地区"的心力与财力，有了另一番极为深刻的亲身体会。

不过，偏远地区的基础教育师资问题，还是相对比较小的，真正具挑战性的，是教专门科目的初、高中教师，如数学、英文、理化、其他语言等专长的师资。培养的困难，反映在拉普兰大学并未设有此类师资的培训，而一般学校规模小，专门科目老师有时候必须同时兼任两三所学校，跨校际间奔波，以及面对学生人数少、经常必须混龄教学等挑战。

拉普兰地区的图书馆标示是以萨米文和芬兰文双语并行

此外，北极圈内原住民萨米族裔特有的语言不易学习，萨米族人在接受完大学教育之后，是否愿意回乡服务等问题，也是必须要持续设法克服的长期教育困境。

偏远的北极圈，学生或许享有和城市孩子们相同的教育资源，但与城市孩子所接触到的各种多元与国际元素相比，或许会少一些，他们对于台北在何方，可能比不上那些经常旅行，或是父母经常往来亚洲出差或办事的大都市孩子来得清楚。

但是随着极圈孩童们逐渐长大，这一两年间广博见识的差距，就会越来越小，而不会愈渐愈深，因为芬兰新生代所接触到的电视、电影、网络、手机和各式各样高科技传播工具，只会更普及、更国际化。

其实，这应该就是基础教育的最大意义，国家教育体系要能尽力培养高品质、广阔视野的下一代国民，然后让这群人从优质教育打下的基础上，继续提升、发展更优良的成熟公民社会。

唯有基础教育水准愈加均等，往后社会整体政策执行与公民行为等，才会更容易行之久远吧。

特殊教育的深层感动

在拉普兰一所学校参访时，得知他们这两年来已决定将原先分离独立授课的启聪学校和一般中小学校合并。我不免好奇地问，为什么会有这样的决策？这个决定的当时，可否有反对声浪？或是无可避免地让家长和师生们都心生疑虑？

当然，在合并之初，总是有相当庞杂的各种教学设备和无障碍空间设施等基本建设必须要重新规划，以及特别师资转驻各校和各校原有教师群要接受特别教育的课程等等工作。但只要推行了，让学生和老师们自然接受不同身心状况的同学，一起融入教学，就会有出人意表的收获。

我站在教室窗边，看到一位和大女儿年纪相仿的孩子，在室外雪地上玩，手上还抱着娃娃。我不禁说着好可爱呢……

身旁正在教授小班制特殊辅导的老师悄声说道："她是心智缓慢的学生，这里有两班心智成长缓慢的同学。"

我很感动地问："我现在想去看看他们，可以吗？"

老师微笑地说："好啊。"

我静静地和这群中学生一起上了一堂家事课（Home Economics），看到每个怀有不一样身心缺憾的孩子，在老师悉心、耐心的协助下，锅碗瓢盆、刀叉铲镬地耍弄着，笑声、厨具砰然声此起彼落。

一时间，我竟红了眼眶，热泪也涌了出来，我无法继续和他们一起待在教室里，赶忙跑到走廊躲进厕所，深呼吸、擦泪水；好一阵子才红着双眼回来教室。

我看着他们一起做圣诞节庆的手工姜饼，是一堂爱心洋溢，在圣诞音乐陪伴下的温暖学习课。看到他们看似手拙却又无比认真地学着，而且是能够和其他"正常"孩子学习到相同的课程进度与科目内容，我一下难过得猛掉泪，一下又为他们平等、丰富的受教机会充满着喜悦。能和一般的孩子上相同的学校，让师生与社会提早共同接受、照料他们，是一种身为人、被视为平等的人所享有的福气。

或许当其他的孩子们是在建筑一座立体造型的姜饼屋，而身心缺憾的学生们，做的是最基本的平面造型，可能是一颗爱心、一株圣诞树，但这些看似一般的姜饼，对我来说，实在令我感到他们真比我能干多了！说实话，烘焙从小就不是我擅长的，两个女儿总是哇啦啦地笑说，妈咪还没有她们班上的男生们厉害。

一位肢体发育不全而总是坐着轮椅的弱势男生，我已经跟着他上了两堂课，他的家人申请了一位个人助教陪伴他，学校还提供一台他个人专属的手提电脑。虽然手脚肌腱衰竭，必须以轮椅

残障学生在家庭经济课做姜饼，个人助教正在旁协助

代步，但是他的语言能力却相当不错，总是不断以所学所知的英文，努力地与我快乐对谈。

这整个下午，我无意间帮孩子们上了半堂的亚洲入门课，又跟着一群身心残障的孩子们上了两节课，我的心情一直翻搅、久久无法平复。

我心里只是一直想着，一个社会到底能提供给这些弱势孩子们什么样的学习环境？社会关怀与实际的付出，到底可以完善到什么地步？整体社会能接受、协助他们多少？我们能不能隔离他们，以所谓专业、分隔方式教导？还是尽一切努力地协助大众去真正接受他们？

我想起了初来芬兰第一年间的冬季，和女儿们一起在赫尔辛基的室内大型温水游泳池游泳。当时很惊讶看见泳池救生与工作人员，启动了装设在池旁的一座小型升降梯，我一开始并不知道他们在做什么，但不久之后，就看到一位坐轮椅的残障芬兰女生前来，在人员的协助下把轮椅推进升降梯板，然后整个轮椅就被升降梯缓缓移入泳池。

我惊喜地看着她双手把身体轻松地推离轮椅，和大家一起戏水游走，她的家人也下水游，救生员在一旁环抱双臂、面带微笑地看着。我既感动，又大开眼界！

随后，我们在盥洗室里冲澡时，看见她推着轮椅来冲洗，和正常人一样享受着无障碍的各种设施。我想，这世界上实在还有太多值得我去认识了解的地方。从他人已经实行出来，而且视为理所当然的例证身上，我得到这般震撼的见识！

我如此轻易地就见到，一个社会对于"人"的尊重，可以做到这么平实、用心；而对人的尊严，可以做到这般的保障和维护。

为弱势量身定做的教育

跟着学校课程进度看了好几堂科目，也分别与三位实习老师一起在教室里教学；其中一位正在带领学生编织毛线，另两位是教英文。两堂英文课还有其他好几位实习的拉普兰大学教育系学生在一旁静静观看，他们拿着笔记本，为自己定出实习进度，互相讨论，互相见习课程教导和班级学生如何互动等。

这几堂课对我而言，很有启发性，因为我见到了不同年代的教育系师生们在实务课程中，如何交换思维与意见。

芬兰的教师对于在教室里如何教导学生，具有很高的自主权。教学内容固然要符合全国核心课程纲要的基本规范，但教法、教具、课本的灵活运用与进度组合，由老师主导。

教育学科的训练，对于日后一位适任老师的养成，起了决定性的作用。但要能够成为一位好老师，除了教育系学生资质要适合之外，教育系所也要肩负起招收到适合学生，以及给予充沛扎实训练的责任。

在实验学校的不同教室里，我又看到一位有着不同课程表的身障女孩，她也有位个人专属的助教和个别课程。助教陪伴着她，和其他同学一起在上英文课。而另一位曾经和家人住过韩国的女孩，转身用芬兰文问老师我从哪里来，我一时兴起，用芬兰语笑着回答了她。她眯眯眼，有些羞涩地点了点头。好可爱！

实习的教育系学生"老师"虽然正在台上精彩地上课，但我还是抓住机会向身旁的讲师问起，学校是否针对资质优异的孩子有不同教学方案。这是我思考芬兰教育模式与施教理念时，最经常浮现脑海的问题；每一种教育模式必然有其优异之处，但一定也有一些灰色朦胧之处，尚待厘清。

她诚恳地回答了："这恐怕一直是芬兰教育中最大的弱点，就是无法为资质优异的学生提供更具特殊性的内容，或针对个别优良学生量身制作课程。"

这是一项缺点？她的坦白与用语之精确，让我顿时哑然无语，而我更需要沉淀静思……

在芬兰全国护理总工会担任国际主任的一位朋友沙丽，她的独生子不仅在两年前发现有先天性糖尿病，右手又因为出生时就少了一根前臂骨，造成右手指节内弯，无法正常握持。但沙丽和我一边吃饭，一边疼爱地为孩子叫杯果汁时，心情愉快地述说了她和孩子在赫尔辛基与约瓦斯曲莱之间搬迁、转学的过程，完全没有因为孩子生理上的先天困扰，而阻碍了任何学习或是师生、同学间的相处。

老师除了会接受一些如何照料糖尿病小朋友的指导外，其他一切上课方式完全照旧；学校为他准备特别的午餐，但不会让他觉得有任何"与众不同"的不舒服。反而孩子主动回家向妈妈提起，现在他在赫尔辛基市洛贺湾学区班上，有一位听力有障碍的女孩子，他和这位女生都跟一般学生一起上课，但听障生另有校方配属的一位特殊教育的辅导老师。班上老师和同学们一起，让学生在那么小的年龄，就学会接受、了解、协助这些需要特别关怀的同学。

芬兰教育体系崇尚"平等"的主流思维，将整体社会的教育成本尽量关注运用于弱势者，无非是希望社会群体要好，大家就一起好，至少也要达到一种相对差异不大的好。所以社会资源的使用，除了要平等地挹注在各地，也要注意原本弱势者能获得相对更丰富的照顾。这是以社会正义为基础的社会福利思维，而公共部门就有义务去尽力实现社会正义所期达成的目标。

当然，民主社会总有一些声音，认为无法特别照顾到天资优异的新生代是国家竞争力的损失。但就以这点来说，芬兰教育学界专家认为，教育体系提供的是全体适用的资源分配，但弱势者优先；而资质好的学生自然会有自动学习、自我提升的能力。

芬兰教育政策往后的目标，是使得学习与教育更具有适才适性的弹性。让资质比较聪慧的孩子们，如果愿意而且能力足以承担，高中时期就可以先行选修部分大学的科目。

小学三年级《环境与自然》课本上的世界地理

我先前在土库市政府的教育处，和一位国际事务联络官以及土库大学教育系讲师一起谈到这项问题，他们的看法是，优秀的学生在学校里面不仅老师知道、同学认识，这些学生自己多少也心知肚明，在现行教育大环境下，是更多弱势同学需要接受到特别的教育资源。

然而，社会需要所有的人才，教育的理想就在充分鼓励多元发展，让个别能力不足的新生代受到更多辅育，才能把立足点不平等所可能衍生的教育与社会不公现象，降到最低。

一次再一次地，我在芬兰不同地方和不同学校机构教育学者、老师、家长们的谈话中，引发对谈者最后说出心中对基本教育理念的价值观。重视弱势，愿意尽力辅育能力不足学生的心，总是最让我动容的。

俄罗斯边界的芬兰城镇

芬兰是北欧五国之中与强邻俄罗斯领土接壤最长的国家，两国边界长达一千多公里，让芬兰别无选择地必须与这个大国紧紧贴连。芬兰东部的卡列里亚地区，就有一部分据称是在二战后被当时的苏联占领，造成40万芬兰人不得不放弃世代居住的家园，举家向西迁徙；不是搬到更内陆的安置社区，就是附近卡列里亚的其他城镇。

虽然芬兰东部与俄国的边界充满着血泪交织的历史伤痕，但这里却也是二战后的冷战时期，芬兰和苏联在经济、贸易、投资关系上非常紧密的重心区域，更在苏联解体、俄罗斯接续兴起之后，变成更加繁忙的芬俄交易中心。紧邻着双方边界上的圣彼得堡大都会区就有六百多万人口，比芬兰全国总人口还多。

芬兰借着地利之便，加上几百年来"知俄"的充分交手经验，让芬兰东部的几座城市，逐渐成为俄国人到芬兰经商，甚至移民进入芬兰的首选落脚之处。

来芬兰头两年，全家曾经开车行经东部区域，当时是前往萨佛堡市（Savonlinna）和周边的美丽湖区游走。虽然住在芬兰，但还是像极了终于从首都向外一探究竟的观光客，只为了寻觅美景与传说中的古迹而来，一心一意想看到雄伟的建筑与古色古香的古堡。

然而，过多不切实际的期许，在走完整个东部的旅程后，又不免心中怅然若失，觉得称不上雄伟，也没有太多幻想中的西欧式富丽堂皇。不过，对于能那么靠近俄国边界，以及身处于这历经过芬苏两国军队血战千里创伤的区域，倒是留下了一丝奇异的惊怵感。

开始书写教育主题之后，芬兰东部令我又再次想要了解几项基本问题，所以我十分渴望造访拉彭兰塔，这个与俄国边界接壤处只有三四十公里的城镇。除了要实地感受芬兰在投注教育资源于不同地区时，是否会有不同的落差，我也更想知道整个区域在高比例的俄国移民之下，是否会为拉彭兰塔城的发展，带来不同的面貌？在这片长久以来整体文化发展与居民收入水平相较低于全国平均值的东部区域，到底是否在教育上也有着明显的落差？

除此之外，芬兰教育体系如何在俄裔移民与其第二代子女纷纷涌入芬兰学校之际，还能落实"平等受教"与"尊重母语"的教育精神？他们是如何找到族群融合与多语言教学的平衡点的？我就这么来到三年多前首度东游却过门而不入的拉彭兰塔城。

在和芬兰朋友谈起这个念头时，我就说："我想选个东边的城镇参访，所以打算去拉彭兰塔！"

先生则在一旁说三道四地讲说我应该去另一个城市伊玛特拉（Imatra）才对！我拦住表情比我还兴奋的他说："直觉与经验告诉我，要去拉彭兰塔比较合适啦！"

当然，我家先生最后总是当起拉拉队，只要遇上我快没"元气"，或

拉彭兰塔市的火车站

是大喊疲惫、劳累、文思枯竭之时，他就会精力旺盛与满怀希望地为我画出大大的"远景之饼"，或是插嘴提提建议，就像他会说去伊玛特拉比较好之类的。

　　不过，芬兰朋友倒也没给我先生太多面子，她说："拉彭兰塔距离俄罗斯已经够近了！"

　　我转头得意地对先生说："看吧！有时听听老婆的话也没错！"

　　老实说，我还是依照交通现实考虑来选择，虽然伊玛特拉距离俄国边界更近些，但是距离赫尔辛基可更远呢。况且，拉彭兰塔这个城市比伊玛特拉来得大些，并有着重要繁忙的连通俄国公路。

　　芬兰在整个南卡列里亚地区有四个边界通关关口，从俄国来的商旅和移民相当多，俄语的通行和移民教育，在那些城市，就担负起更迫切与举足轻重的角色。芬兰针对外来移民和移民第二代之后的教育，有一套完整规划，希望把外来族裔的不同文化、语言，转化为芬兰持续推动全球化的

拉彭兰塔市的白雪夜景

另一项动力；而这对于芬兰有计划迈入国际化都会的大小城镇来说，也可以借着多重国籍的外来人口与多元文化的融合，加上未来整体社会的发展规划，确实打下一个国家前途与未来的优质基础。

移民族裔本身与其下一代，是能够顺利融入主流整体社会，还是被有意无意地排挤在外，将影响到一个社会的长期发展。而一视同仁、关怀弱势的教育体系，就提供了族群融合所需要的最根本基础。

移民孩子的教育

在拉彭兰塔期间，我除了与市府教育局官员晤面外，也参访了五所学校。一下火车，我来到一所有近15%比例的外来移民学校。

在芬兰，谈到移民子女的基础教育，必须先分为跨国婚姻所生育的下一代，也就是说父母其中一方是外国人，以及因芬外婚姻而与父或母移居到芬兰的婚生子女。此外，还有以难民身份来到芬兰的，或因工作、研究、学业、商业、技术等各式因素，而长期移居此地家庭的孩子等。

任何一位进入芬兰的外国移民，他们的孩子都与芬兰当地的孩童一样享有相同的国家义务教育权利；这些移民的孩子，芬兰政府会先提供一项预备课程，通常为期一年，主要是让孩子们有比较多的时间适应全新的芬兰语言学习环境。

根据2009年更新的芬兰基础教育的预备课程法（National Core Curriculum for Instruction Preparing for Basic Education 2009），年龄六至十岁移居到芬兰的孩子，在基础教育的国家法律规范里享有九百小时的学习预备辅导课程；年龄超过十岁的孩子，则享有最少一千个小时的课程。

当更年幼的移民孩童要进入芬兰语的幼儿园时，园所老师会和他们未来的导师互相讨论，除了了解孩子们的学习成长状况外，也为孩子们规划未来适合的学校，有的选择在幼儿园多待上一年，也有的是直接衔接小一；而这都必须要在实实在在了解学生的语言与生活适应情况之后，才会着手进行。

以拉彭兰塔来说，当一个移民孩子在9岁到12岁之间移居芬兰时，他们通常会在市区的一所小学先上一整年的准备课程。一开始，所有的基础教育科目都是在预备课程辅导班上授课，而最主要的是加强芬兰语的学习。随后，孩子们的芬兰语加强班上课时数会逐渐递减，并协助学生逐步转入普通班级就读。这样的课程，会在一年半载后，视孩子的实际上课状况，再给予不同的语言辅导。

外来移民的孩子如果无法在九年级顺利完成课程，仍可以继续接受第十年的基础教育义务课；沙姆湾中学的老师告诉我，学校中必须接受持续移民语言课程辅导的学生，有一半是俄裔，其他则是爱沙尼亚、伊斯兰地区、西班牙、泰国等地的孩子。

校长说，通常移居到芬兰东部的初中生，一开始都会被安排到这所中学，但除了芬兰语言的专门科目之外，他们的许多课程，例如数学、体育、英文、计算机、美术和其他不同的选修课程，则会和芬兰同学居多的普通班级一起上课；因为青春期的大孩子，有个属于自己并可以融入的芬兰群体是非常重要的。

学习与功课固然是上学的目的，但要让每一个孩子都能平和、实在地享有及建立教育所带来的群己关系，芬兰老师在设计、执行外来移民融入主流社会上，确实是下了一番苦心。

校长与老师带领着我一起参观学校，我们走进一班只有四人的芬兰语辅导课，这还真是典型的不到十人的芬兰式小班制辅导教学。看到这些初中移民孩子的芬兰文课，使用的课本居然是成年人学芬兰文的基础课本。那本Suomen Menee语言书，我也曾经使用过呢！

这一班，四位学生，上课情况和教室环境，像极了私人语言补习班，其中一位俄国学生，竟有位学校提供的助教专门帮他以俄语讲解和陪同练习。老师和学生们先以生活化内容的语言教材，让这些移民的孩子能尽快融入学校与日常生活，才能期待他们在往后的学习日子里，进一步发挥他们的聪明才智。

芬兰东部拉彭兰塔市的冬日校园一景

拉彭兰塔中学的移民芬兰语课，右侧是
学生的个别翻译助教

我后来深入地了解到，这样为外来移民所设立的人性化语言及融入式教学，并不是只在芬兰东部才见得到，因为这项以芬兰语为第二外语，或是特别辅导学习的课程，在外来移民比较多的赫尔辛基市东区和北区，以及我曾经参访过的数所学校，也一样地踏实施行。

这样的移民教学，为移民子女们创造出所谓的功能性、生活化的双语学习环境，而又让他们持续不断地逐渐融入芬兰学生社群。这对于芬兰降低移民与主流社会的疏离感，协助移民了解与遵行芬兰教育与社会规范，都提供了非常扎实的基础。其实，芬兰不论是特殊教育，或是移民教育，其设计与实施的基本出发点，就在于提供给所有孩子们一个相对"公平"的受教机会与求知权利。

这个高所得、高税负、人力成本高的国家，额外的教学环境设计、需要特别培训的老师、额外购买的语言教材、费心安排的学生个人课程与助教等等，每一样都是昂贵的花费。

但是，肩负教育政策与教育行政的单位，有着或多或少的基本共识，就是现在不花时间与金钱做，以后必须负担的社会治安与族群融合的成本，必然会更大。

在芬兰四处走访期间，我总会发现，芬兰一再强调移民族群可以保有其文化根源和语言，甚至其原有宗教。芬兰人总是和我说，只有各个族裔自身的根扎得够稳，失落感与疏离感才不会过大，也能建立起接受更多元文化与族群融合的自信。再者，当他们有足够自信之后，再继续学习芬兰语，以及接受芬兰文化和社会的能力，就会增加。

就是这样，芬兰的大小城市，不论是首都赫尔辛基、西部的土库到东边的拉彭兰塔，移民融入、多元语言教育一直都是非常重要的辅导与强化课题。

有朋友不解地问："为什么他们要花这些经费去做这些效果难以评量的辅导呢？"

但愈是在芬兰各地走访，我愈能清楚地了解芬兰人的基本想法。一个小国经不起任何巨大的社会负面成本，如果教育也呈现M型现象，外来移民逐渐被推入闭塞、孤立、受排斥的深渊，那是最悲哀不过的社会群体自我割裂！

553万人口的芬兰，禁不起社会各族群间的疏离、猜忌、阶级化的不安与冲突。

与其凡事在事后再来谋求补救，不如先从基础教育和小地方的导引、融合开始做起，给予不同族裔足够、适切、适时的辅导与社会资源挹注，力求将移民或弱势社群努力转化为社会安定与发展的中坚力量，并协助他们在社会中找到安身立命的角色。

这些事务与理想，真要落实到大多数外籍移民与其下一代，应该是不容易的长期付出。但是，如果不愿意踏实地从根本做起，那一切的建设发展和社会安定目标，必是枉然。

俄罗斯与芬兰的历史课

　　拉彭兰塔有一所蛮具特色的芬兰语和俄语并行的公立双语学校，我一进到教室，立刻看到两个漂亮的俄国和芬兰风貌的大幅娃娃海报在墙面上。住在芬兰久了，对于紧靠东边的俄国邻居，也开始和多数芬兰人一样，带着一种苦不堪言又错综复杂的历史眼光看她。

　　这种普遍知俄、厌俄却又视之为广大经贸市场的多样情愫，广为散布在芬兰各地。毕竟，过往几百年的历史纠葛，至今仍是好几代人的共同记忆，而战争遗迹历历在目，也提醒着芬兰人以疑虑心情去面向东方。

　　来到了芬兰东部的郡市，和许多的芬兰男女老少晤面，很难三句之中不提到俄国。芬兰男士有不少娶了俄国太太，当然也有不少俄裔移民搬到芬兰工作、经商，因为距离两国边界实在太近了，各地随处可见的数据、告示、简介、报章都有俄语标示或俄文版本。

　　然而东部芬兰人民也知道，今天拉彭兰塔的工商业和市面上的商家等不断蓬勃发展，就是因为俄国经济迅速发展所带来的大量俄国游客和移民潮。

　　俄国的"热钱"，的确为芬兰东部带来不同的经济风貌与发展力量。

拉彭兰塔的这所芬俄双语学校，虽然历史传统比不上赫尔辛基的俄语学校，但它从几年前设立时的乏人问津，到现在逐渐受到欢迎与重视，变化历程实在快速而剧烈；而它在东部伊玛特拉和约恩苏（Joenssu）两个城市，都有分校。

这所由芬兰政府全数负担经费的学校，其实并非以招收移民子女就读为主，而是招收任何对于俄语学习有兴趣的，不论是芬兰家庭还是有俄语背景的芬、俄联姻子女都可以。

东部芬、俄双语学校墙上的大型芬、俄娃娃海报

在拉彭兰塔的两天之中，我和每一所当地的中小学老师和校长们都会谈到一件事，那就是关于"教授历史课时，是否会碰到困难"，这些学校的师长们笑笑说："当然会啊！可是，别忘了，他们和他们的子女现在是在芬兰的领土内，要学的，就应该是芬兰的观点。"

孩子是张白纸，移民子女的父母们在母国所接受的历史民族文化教育，或许会直接或间接影响着下一代；但是，俄国再大、再强，俄裔移民搬到了他国的领土，势必将入境随俗，尊重他国的法律、社会文化与教育思维。

而我十分确定的是，从未侵扰过他国，总是被他国大军压境的芬兰，在教育俄国移民和他们子女时，会提供比较平实的观点，来讲述这一段生灵涂炭、兵燹惨烈的历史。至于书册与阅读角度上的差异，就让学生们自己慢慢去比较学校和家里的不同吧。

芬兰东部所设立的芬、俄双语学校，让我看到芬兰虽然一再担忧其子弟普遍不愿学习俄语，却因此给日后俄语人才匮乏带来另一线希望。另外也看到这学校虽然把瑞典语列为选修课而引起学生学习心情上的某种反弹情绪，但却也有超过九成的学生去选修，因为孩子们知道瑞典语在芬兰社会的重要性。

芬兰像这样不同语言与芬兰语合并学习的双语学校，已实施多年了。我不禁想起一位赫尔辛基的市府官员向我说过："我们把这些多元语言文化视为资产，而不是负担。"

的确！赫尔辛基市政当局已经预计整个大都会区将增长到200万人口，而其中当然包括了欧盟成立与全球化后人才的吸引及因为工作就业等迁移来到芬兰的人士与家庭。为了使得这座城市更加迈向国际化与多元生活化，这些目前看起来还不算是问题的移民教育细节，已经逐年纳入市政府规划与政策纲领之中；这样才能使外籍移民长期、正面地融入社会。

任何一位"芬兰之子"，都享有充分的公平受教权，这正是政府进行长期建设规划时，必须归纳其中的义务。

我在拉彭兰塔的晚餐中，邀请了市府的社会福祉人士，正巧遇见一群到此地参加移民议题研讨会的芬兰各地官员，其中一位来自中央社会事务与卫生处的女士说："移民教育，我们做得还不够好。"

"是吗？可是，我看你们在基础教育上，已经投注了许多的资源与实际的辅导。"我有点意外地说。

"是啊，可是，移民教育，最好从幼儿教育开始。"她语重心长地回答。

"小学再开始，为时已晚。"她接着又说。

她的这一句话，点醒了我。

移民和他们第二代以后教育的深耕，必须从愈小开始愈好，好让整个家庭与孩子们，都能有系统、按部就班地充分融入整个社会之中。

毕竟芬兰面对外籍移民的族群融合与长期教育的议题，比起隔壁的瑞典，在经验和施政资历上，都算是比较年轻的。还有许多仍待改善的心态、法律、施政与实际教育辅导，也好像必须更为积极才是。

在离开拉彭兰塔市的当天，在火车站又遇见这位官员。

"会议开得如何？有新的议题吗？"我问她。

"一切都还是老问题，只是，我们知道以后要做得更好、更完善。"

我俩相视而笑，一切尽在不言中。

我看了看已经如雪城般的市街与车站，和她挥手道别后各自前往不同月台等火车。脑海里不停浮现出一幅幅影像，其中是索马里难民、俄国移民、俄国新娘、菲籍族群、波兰和东欧来工作的族裔、中国学生与工作移居者、被领养的东方与非洲小孩等等。

新世代、新族群融合的国家未来主人翁，我不禁也期许他们的未来，能有一种生活化、人性化、正面而积极的移民教育，协助他们一起成为"芬兰之子"。

冬季的足球场

你说，芬兰教育为什么成功

在芬兰东部期间，帕特里校长问我："你认为芬兰教育为什么会成功？"一时三刻间，我尚未有机会说上话。

他就接着说："因为，我们总是严肃认真地看待学校！"我嘴角不禁微微笑，开心地看着继续说话的帕特里。

想不到他自问自答个不停："我们学生来学校的目的，就是上课，不会去搞那些有的没的活动和计划！不像许多欧洲国家，我觉得他们学生在学校期间的外务，实在太多了！"

我真的完全能理解他的不满，毕竟在这个国家住上六年，对于芬兰民族性与基本思维，不仅略知一二，也能在互动访谈之中，获得更深入的了解。虽然这听起来是帕特里校长个人的看法，但却真实地展现了芬兰人的特质，也就是行事风格讲求"务实、务本"。

许多芬兰人总觉得和瑞典人一起开会时，瑞典人的话太多，会议一开再开，不像芬兰人，规划清楚说明了，分头去做就对了。这个看法和印象，是在许多企业界、教育界或政府官员朋友们说明芬兰与瑞典两个民族个性与做事风格的区别时，最容易脱口而出的讲法之一。

芬兰学生在校时间不长，比起欧洲及世界其他各国的孩子们，真算是够少的。但学习与课程教导的效率十足，芬兰学校是有课来上、没课走人，既没有升、降旗典礼和师长集合训话，也没有一堆课间有的没的要师生集体配合的校方活动，大家课上完了就回家去。

孩子们多半各自去上一些培养兴趣与爱好的运动、音乐、艺术课，寻找自己往后大半生的生活乐趣与终生喜好。他们从来不知道待在学校那么久要做什么。芬兰的模式，简洁清楚、直截了当，非常具有个人主义，但却又互相了解认同。

而这种教学方式，好还是不好，如何评估，端视你我是以何种角度来看了。

在拉彭兰塔学校访谈的茶点时间，我和校长闲聊，谈着我对于芬兰的种种观感和想法。

谈着谈着，他有感而发地说："你知道吗？芬兰是欧洲唯一一个在'二战'期间没有被苏联占领过的国家。"我猛点头，表示了解这段历史。

他接着说："你想想看，那些当时无法全力对抗苏联而不幸被占领过的国家，今天的生活与教育水平落差，和其他欧洲地区比起来有多大啊？被别国统治过，要再复兴起来需要花上多少的时间与精力啊！"

每回我和芬兰朋友们谈话，或是到芬兰各地访谈时，最让我愉悦欢喜的是能够适度地导引着谈话的主题发展，让受访者真心谈到心坎里最深层的想法与感受。我很喜欢那份内心真诚的探索，即便那是比较个人的看法，但是，只要遇上说到激动处与表达内心深处的真情流露，我就不禁为之动容。

我脑海中当时还在思索、咀嚼之时，校长停不下来地又说："你想想看，为什么我们没有被占领？"

　　这个原因，我当然略有所知，读过不少数据、听过不少故事，但是现在是从一位在芬兰东边土生土长的道地芬兰人口中谈起，听来的滋味就是不同。

　　他慎重地说："因为，我们全体一心一意，就是要团结对抗苏联，我们真是吃了秤砣铁了心，知道我们非打赢这场战争不可，我们必须为芬兰的生存而战。"

　　对，芬兰人凭什么以寡敌众，还力抗极占优势的苏联军队而未曾被击溃，除了长达一千多公里的边界与冬季严寒冰天雪地的地理环境，就是靠着毅力、耐心和坚持。没有"二战"中的四年苦撑，就不会有今天世界好多项评比都属一属二的芬兰，也不会有今天能对大量移入的俄裔移民，提出不一样历史记录与观点的芬兰教育。

　　一个人的过往经历与其今日的成就息息相关，无法切割、关联甚深。芬兰在"二战"力抗苏联而未真正战败，充分展现出芬兰人坚毅的深层内在精神。而那种吃得了苦的芬兰Sisu精神与价值，一直在各个社会层面之中，被持续地呈现出来。不论是注重平等的教育，还是强调平权的社会价值，都让人看到因为专注、简明、认真，而引伸出来的坚持。

　　说真的，当我听到说他们很严肃地对待上学与学校这件事，我一点也不讶异，那种典型的芬兰式思维"我认真做完就好，不浪费时间在多说无益之事！"似乎也发生在芬兰闻名于世的一级方程式F1赛车手"冰人"莱科能的身上。

　　他顶着车神舒马克传人的头衔，驾驶着法拉利赛车赢得2007年世界大赛总冠军；他最出名的就是一赛完常常转身走人，因为他要去看芬兰队的冰上曲棍球比赛。

　　这就是芬兰人的精神，做完了，做好了，就该去做别的事了。

为了教育，回到芬兰

东部参访期间，我和一所学校的美籍老师珍谈天，她是这所学校双语部的英语教师，我们俩就在教师休息室聊得煞是起劲。

珍曾在莫斯科、东京等大城市的国际学校里教过书，并曾经担任纽约一所中小学综合学校的校长。我和她谈起话来真是一见如故，因为不仅她说的各项欧美或芬兰的教育问题，我了然于胸，而且我讲的各类亚洲与芬兰教育现象，她也心知肚明。

她讲述了美、芬教育与学校间的差异，以及美国学校在各个社区里所扮演的重要角色，之后她提到了芬兰学校、家长、老师、学生等各方之间的互动关系，似乎总是缺了点什么。

"这不是很芬兰吗？个人式思维与独来独往！"我开怀地笑说。

"就是啊！要是我身在纽约，我和家长、同事之间的互动，将会截然不同。"她说。

我猛点头称是，并深知美、芬教育的不同之处。在女儿们从赫尔辛基国际学校（偏美式系统）转到芬兰体系之后，光是看学生家长间彼此的互动偏"冷"，以及两种学校所举办活动时活跃性与生气蓬勃的明显高低不同，很容易就从中窥探、嗅闻出两种文化之间的背景差异。

不过我也对珍说，家长的参与必须要适度，过与不及都不对；家长的过度干预或是站在教室门外张大眼睛瞪着老师的教学，像是纠察队一般的监督，或者老师过于迎合家长和学校的要求等等，最后都会让校方、学生、家长、老师们筋疲力尽。

珍语重心长地答了一句："的确如此。"接着继续谈起了自己以前在美国东部学校当校长时，各种校务、教学与因应家长的经验。

芬兰家长多多参与学校间的互动，还是这几十年来才开始的新气象。珍说："你相信吗？我先生说我公公在他七岁上小学时，第一次送他到校门口，然后就再也没去过学校。"

当然，美式活跃的学校义工妈妈，在芬兰的系统中并不多见，这里多数的父母忙着工作，担负着国家沉重的纳税义务。家长出席参与的，多半是家长会的组织，以及学校举行的特殊节庆和募款活动。课堂上的参与，则是因为某些课程单元内容的需要，家长应老师的邀请分别到课堂和学生分享其职业特质、文化背景与工作经验，如此而已。至于其他与课程有关的大小事，在芬兰，就交给校长、教务专业人员和老师了。

珍与芬兰先生住在纽约时怀了老二，就已经开始计划回到芬兰东部来定居。她告诉我说："我在纽约工作，收入是这里的三倍，但是扣了州政府的税、联邦税和市政府税收之后，再去养育三个孩子，所剩下的薪资，只能拿来付账单。"

生了三个孩子的珍继续说着："芬兰这里的税负虽然很高，缴税之后所剩的或许也和美国差不多，但这些钱却能花在其他享用的事务上，而且一家五口的家庭开支、医疗、教育与生活经费等等，都不需要担心了，这才是最重要的。"

我喜欢她的真情分享!

有了孩子的生活负担考量,本就不是单身贵族或是丁克族所能理解的繁杂,而扣了税之后可以支用的所得多寡,就成为最需要实际考量的。

珍恳切的清朗语音响起:"芬兰东部,有着充沛的森林、湖泊与大自然,对于有家、有孩子的我,这里才是真正的生活。"

我开玩笑问着:"当时在纽约,一家五口生活费与房价既然都不便宜,那怎么不搬到其他州呢?"

她大笑:"我是标准的纽约客,美国除了纽约,哪儿也住不惯啊!"

我讶异地说:"小姐啊,可是你现在却能为了孩子,和芬兰先生回来这个人口不到六万人的小城耶!"

她继续笑着,还一边俏皮地挑衅我说:"是啊!这里的物价,比赫尔辛基便宜耶,像我,就实在无法住在那个哪能称为大都会的赫尔辛基嘛!"

我知道,住过纽约大都会的人,赫尔辛基对他们来说,不过是个镇!

但是她又说了:"偶而,我心血来潮,还是会坐个两三小时的火车,去你们赫尔辛基那儿轧轧马路,喝杯下午茶啦!"

珍和她先生,不是我所认识的唯一一个为了孩子教育与成长,选择从国外打道回府的芬、外籍婚姻家庭,光是赫尔辛基,就有美芬、英芬、加芬、法芬、芬希、芬土、芬日等等不同跨国组合。

我另外还知道,也有好多已经离异的外籍婚姻,在双方离婚之后,竟还是选择住在芬兰,除了这国家能提供孩子良好又免费的教育,以及整体社会环境的安全感与稳定性外,随处可亲近的大自然,就是给孩子成长最好的礼物。

美丽的雪城

2008年1月，我坐了两个半小时火车来到拉彭兰塔。

去之前，谦和客气的初中校长一直说要来车站接我；我本来想自己坐车去访谈就好，但他说自己的学校距离火车站开车只要五分钟，所以先来接了我再到学校，实在非常顺路。

每回到中小型城镇访谈，总是遇上许多亲切的协助。毕竟，大城市与中小城镇的生活节奏，总是有些差距；大城市里的学校或是市府官员、中央单位，每天光是应付川流不息的访客和层出不穷的状况，通常就忙得不可开交了，要抽出余暇多提供一点协助给一位外来访客的机会很小。

虽说拉彭兰塔是个中小型城市，我的访谈之行，却也足足接洽了两个月，当然这正好因为碰上了芬兰庆祝独立90周年，以及接续的圣诞与新年假期，所以拉彭兰塔好几所学校的接洽人员们，一直到隔年一月，才比较能挪出时间来和我碰面。

在拉彭兰塔那两天，正好下着大雪，好似每次我出访，不管是在拉普兰、土库，天气总是异常的"好"，这种"好"就是会让人在日照不足的日子里，因为白雪映照出的亮光，而感到心情舒坦。

厚实的雪愈下愈大，我心底却是满怀欣喜，这要是在我刚来芬兰定居的头两年，我必然欲哭无泪，觉得冬日如此漫长，何时才会终了？！

然而，在芬兰住上了五年多之后，我却是打从心底真情地赞叹一声："下雪了，真美！"

接近六年的芬兰生活，让我逐渐对白雪产生一种爱与怜，不仅感念它的纯美，也为它给大地景色覆盖上一片白皑皑的厚毯，而欢喜开怀。拿起相机猛按快门，为自己，也为芬兰记下一段又一段美好的冬景。

不过，这连续两年之间全球气候持续变暖，让我好几回从外地回到赫尔辛基时，看到原本可以驻留多日的白雪，已纷纷融尽，不禁对于身为芬兰首都却未能在冬日披挂厚雪的赫尔辛基，多了些许失望。

在快离开东部时和帕特里校长说，昨晚在零下气温、细微风雪中，我和市政府的老人社福部主任梅雅在整个城市步行了一个半小时之久，边走边聊、边走边拍摄，真是一场道地的黑夜雪城之旅。

拉彭兰塔市萨玛湖冬季冰封的夜景

"被冰雪覆盖的整座萨玛湖，以及白雪掩映下的拉彭兰塔市区，真美！"我和满脸好奇的帕特里说。

"在这样的漫漫黑夜和这么糟的天候下，你居然说它美？"听到这里，校长皱起了眉头看看我，有点不可置信地叹口气说。

"是啊！真漂亮！"但我就是很笃定地回答。

或许，我虽然是在芬兰长期居住了快六年，但就整个人生数十年寒暑的旅程来说，北国仍只是其中的一座驿站。有时，觉得自己仍像个游子过客，但有时，自己却又宛如本地居民，百般体会所在地生活。

看来，我总是在安定与搬迁之间来来去去，就像我在每一个住过国家的感受，多半当我适度融入当地社会人文与生活之时，却总是我要准备起身离开之时。

我说这片雪城很美，是因为终有一天，我将远离此地，再度开启另一段人生旅程。因此，芬兰所有的花草树木、自然山水、严冬与春夏的气候交替，以及我访视过的每个脸庞和话语，在我心底，都是最为珍贵的瑰宝。

夏日赫尔辛基的芬兰湾美丽海景与小岛

欧洲歌唱大赛，卖芬兰国旗的男子

Chapter

教育的未来

自重自爱的芬兰人

芬兰人踏实、自尊心强，但却总习惯要自我挑剔。

在与芬兰教育部国际处处长的谈话中，有句话令我印象深刻，她说，要让芬兰人满意，是很大的挑战！不知道这是不是芬兰民族天生的性格，还是从小养成的自我评判、自我管理习惯，好像芬兰人就没有丹麦人来得乐天、开朗。

他们对于任何外人的耳语批评，颇为介意，但却又对自己的生存发展历程谨记在心，深知轻重缓急、自尊自爱。

这些年间，芬兰教育、清廉、国家竞争力等在全球各项评比中成绩实在优异，因而倍受世界瞩目。这让芬兰人多少增添了些许自信，也让他们犹如大梦初醒般，逐渐适应来自四方的爱慕及赞赏的目光。

但这个国家与民族，一直以来，从来不会动辄以国际评比成就为傲，一路膨胀。相反的，我们却经常听到芬兰人说着还要不断地反刍与探究，对自己的教育现况存有许多质疑、诘问、缺乏自信的辩驳与批判。毕竟，她今日的成就，不论是清廉、教育、科技、竞争力等等，一切其实都缘自芬兰人几百年来，要如何在恶劣气候环境与国际处境里"求生存"的基本务实理念。

2007年9月，英国《金融时报》推出了对芬兰国力评估的特刊，好几大张的分析报道和专题，让热爱阅读、喜欢接触各样国际事务知识的芬兰人，看得过瘾！

当天的《金融时报》在芬兰一扫而空、一报难求。因为，芬兰人和我们相同，能登上世界版面，嘴角不免轻轻扬起，心中多了一份雀跃之喜，迫不及待地想一窥究竟。只是，不少人看完之后，总又免不了抱怨三声，认为专题中对芬兰的期许和评价，还蛮苛刻的！

先生的芬兰同事达茹就愤愤不平地说：“写得不够公平！”

当我在约瓦斯曲莱大学访谈时，沙罗李教授说：“这样的报道，实在让不少芬兰人感到沮丧。”

约瓦斯曲莱大学校园一景

　　然而，我仔仔细细地读完全部专题之后，并未觉得有特别不妥的苛评，反而看到很多的赞许。

　　或许对于一位洁身自爱的孩子，别人少许出于善意的批评，听在耳里有时就不免嫌多了，因为，芬兰人觉得自己已经亦步亦趋地在调整，何必在此时再施以责备呢？

　　芬兰人心底必定觉得，自己蛮认真的，认真地求生存、过生活、办教育，也深知问题在哪里！我想，对于这样的民族，的确需要给她更多鼓舞的掌声。

未来教师需要的能力

2007年11月，我拜访了拉普兰大学教育系的附属实验学校，亲切的女校长瓦拉能博士替我做了简介。我除了尽力了解这个系所的师资培育方式之外，也跟她们谈起约瓦斯曲莱大学教育系招收学生的最新创意改革举措："心理测验"。

安妮讲师笑着说："约瓦斯曲莱大学，总是最具创新的能力。"

接着她们又说："我们一直以来，就和多数的大学教育学系一样，有三项考核关卡，其中有两种面试：一对一，以及群组活动的面试。通常就足以以学生应答进退的反应与分组合作的表现情形，作为关键性的参考与佐证，进而评测出这位学生能不能被教导成为适任的老师。"

今天的芬兰，对于要成为一位合格、有潜力的教育系学生，来自赫尔辛基大学的梅里教授和杜恩博士，在两场不同时间举办的教育国际研讨会中，都分别提出相同的观点。他们认为教育系的学生必须拥有可以被教导的潜能（Educability）、合适的人格特质（Personality）和学习动力（Motivation）等综合条件。

芬兰教育界普遍认为，这些才是真正成为未来教师的条件。从赫尔辛

拉普兰大学教育系附属实验学校的
实习老师

基、土库、拉普兰到约瓦斯曲莱等大学的教育系教授、讲师、研究员，都有如此的共识，认为一位适合此项工作领域的学生，比任何一位高中成绩满分的毕业生，都来得更为重要。

这所位于芬兰中部、距离首都赫尔辛基近三百公里远的大学约瓦斯曲莱，本身的历史不仅相当悠久，更是影响和塑造芬兰教育、芬兰语体系学校发展，以及芬兰教师培训传统的摇篮。她不仅是由芬兰第一所师范学院改制而成，更是第一座拥有芬兰语文教师培育体系的学校，并且她也同时具有教育思维的传承和改革研发教学理念等先进思潮。

这样新旧交融的学府，到底是革新的浪头，还是守旧的城堡呢？

我在约瓦斯曲莱大学校园里，和教育学院的师资教育系所副所长克斯提艾能博士和系所的海诺瓦拉女士谈了许多。我问的重点之一，是他们如何选取教育系的新生。这两位芬兰教育界人士先是笑了一阵，接着反问说，你要知道的是我们的新制还是旧制啊？于是她们你一言我一语地说道："根据我们以往的经验与这几年的研究报告显示，最优秀的学生通常不见得会是最好的老师！因此，芬兰在2007年便开始了一项全面的教师招考和培育改造计划。"

我眼睛一亮，就这么与她们打开了话匣子，谈了将近三个小时还欲罢不能。我真没想到，芬兰这颗全球教育界心目中大又圆的"月亮"，还要进行大规模的改造啊？

她们谈到，芬兰基础教育的师资，从20世纪80年代开始，就已经实施中小学教师必须拥有硕士学位的体制，而每年光是申请进大学教育系的学生，就多如过江之鲫，录取率也因为从严审核以及教育系所的招生名额限制，已经相当低。

但是，即使在这么严格的审核下，他们仍然认为这样还不够"好"。她们认为整个芬兰所需要的教育系的学生，足以被训练与教导成为芬兰未来三四十年的老师。她们所需要的，不是只会念书、考试，却不问世事、不知与人相处的乖学生或成绩好的学生，而是有思想、有能力、有见解、有自信、有互动力、有包容力，而且还必须是可以再塑造的孩子。

芬兰旧式的教育体系招生法，是依照高中毕业会考的成绩，若已经有工作经验、服完兵役或是有空中大学、实习特助等经历的考生会加分，所以后者考进教师培育体系的学生年龄普遍较高。但前者能考上的学生，也就是所谓的应届高中毕业生，大约占了三成（旧制），他们往往都是成绩最顶尖的学生，也就是高中会考成绩分数最高的一群。

接着各大学教育学系会对考生进行面试，以约瓦斯曲莱大学而言，教育系从大约1500位申请者中，先遴选出300位进行面试，最后再选取约90位左右的新生，平均录取率约为6.4%。

但是，旧有招考制度即便已有面试机制，而十几年来教育系统培养出来的老师，也已经让芬兰教育成为全球的标杆之一，却还是让芬兰教育学界和学者大为感叹，竟然无法找到更多"最适合"当老师的学生！他们发现，某些申请教育学系的考生，除了高中在校成绩不错之外，也会在面试的时候，比较容易运用技巧性的应答通过甄试。而许多真正适合当老师的高中毕业生，可能多半在第一轮甄试时，就因为毕业会考成绩不够高，而早早被原先想用来找到好老师的制度，给刷了下来。

因此，在目前，芬兰教育体系认为最重要的，就是先要找到真正具有"好老师"特质的学生。教师培养和招考教育系所学生的方法，必须彻底翻新，而翻新之道，却又必须是极为科学、理性，同时注重"人性"思维。

教育系学生的全新评选法

长久以来，往往许多适合当老师的人才，却连进教育学院的第二关面试机会都没有！一些只会考试拿高分，以及懂得面试技巧的学生，反而进了教师培育体系，更在日后成为不适任的老师。

我在和约瓦斯曲莱大学的副所长她们热切谈论之中，相互交换了好多想法与论述，言谈中我不时点头赞成，想到连芬兰这座最资深、古老的师资培训摇篮学府，都能展现如此先进的教育改革思潮，而且还推动全国一起进行，让我深深佩服！且她们一再强调，从2008学年度开始，不再看任何会考的成绩了！要考核的是这群未来老师的理解力、包容心和潜能。

她们提到了，那些高中时期考试分数高、学业优异的孩子，多半念书成绩一向很好，但在校期间通常不见得能了解书念不好时的困窘。所以当了老师以后，也不见得对学习能力和成绩较为落后的学生们，能给予更多的同情、包容，或是能以同理心循循善诱，抑或期盼这些老师能真正发挥"有教无类"的精神。

于是根据多年与多方的研究与观察，以及为了因应未来世界潮流、寻找更合适成为老师的学生，芬兰最新拟订出来的政策，是全国所有教育学系招生，一改过去沿用的方式，而鼓励更多成绩中等的学生、更多男性（芬兰女生普遍比男生会考试）都能参加教育系所的初选，而不要先以高中毕业会考成绩高低来加以评断。而在教育系所的招生，改成先举行一项联合会考。这项会考的目的是了解学生的理解能力与思想观念，且考试的内容会先行在网站上公布，比如，会列出几本书名或是好几篇文章，请考生们先自行去读，再来参加考试。

考试内容当然不是问一些是非、选择、年代、人名、事迹等等无关紧要的细节问题，而是经由心理和性向学家设计过，能测出跨科界常识，以及教育与人际关系潜能的申述性题型。比较会背书答题，或只知道考好试的乖学生，或是性格不一定适合长期投身教育工作的，就不见得通得过这项测试。

所以，不考量高中毕业生的会考成绩，而是以整合式测试方法，先评估学生是否具有广泛阅读与常识的能力，而且能够具体表达自我观点和思想成熟度，这就是芬兰全国教育系招生的新方法。

不过以约瓦斯曲莱大学来说，第一试毕竟只是基本功，通过的学生就得进入第二关：心理测验（Psychology Test）。

在心理测验中，会测试一个教育系学生的心理素质是否合适接受培育，此位学生的人格，能否胜任未来教学需求，以及在学校能否解决学生各项学习问题和学生群体中各项人际冲突与融合问题等。这些都需要先在这批未来教师们进入教育系所之前很实际地被测量出来。

这项新制会不会太创新、太革命化了一点？好像有一些。芬兰目前已悄悄地全面推行，但就像所有的时代转换一般，有不少保守派还是有着不同的质疑、反对声浪。不过，这两位教育系所的专家，提起2007年11月初所发生的高中校园枪击案，不禁唏嘘感叹了起来。她们说，在前几年，芬兰教育体系就已经觉醒现在的师资情况，不足以因应快速变化的青少年文化。

旧有教育体制培养出来的老师，有时候并不清楚如何面对新生代在学习、心理、交友和同侪团体压力方面的问题，更不知该以何种方式去化解、疏导进而找到可行的纾解之道。但借着这场令全国伤恸不已、错愕不解的血案，反而更坚定了芬兰教育学者"走对的路"的改革信念。

她们又强调，以约瓦斯曲莱大学教育系来说，新体制招生第一试之后所举行的心理测验，还会加上面试，这让高中在校成绩或第一试结果再优秀的学生，只要"心理测验"不通过，就不会被系里录取。而任何说出自小就认为未来志向非当老师不可的孩子，其实也让教育系所师长们很害怕，因为这些学生已经在心中筑了一道墙，把自己和现实生活框架分成里外两个世界，这样反而容易被日后教学环境中的各项实际状况和问题所打败。

她们说："经过多年来研究观察和实际测量所得的结果，我们认为教育系所最需要的，是可以塑造的学生。未来，芬兰需要能处理各类'冲突'的老师，有同理心、能和他人合作分享、会面对与处理危机、以孩子为中心、协助塑造和辅导不同学习能力等的学生。"

随后，我又问，今年招进来的第一批新体制学生，在系里就读的情况如何？她们想了想，回答说，这批新生似乎比较符合"未来教师"的塑造培育，不过，这还需要观察。

我看见笃实的态度，在她们的脸容间浮现……

赫尔辛基市鸟瞰

要平等还是"精英"

总有人认为，芬兰教育有一项弱点，就在于它不强调、不凸显要造就顶尖的"精英"；反而一直以众生平等受教的观念，推动在资质不尽相等的学生之中，尽量让大多数的学生享有师长相同品质的授课。而这点在芬兰教育的全球评比成绩上，显现得极为鲜明。

芬兰学生不见得在单一科目的测试里是最为杰出的，但他们却是综合评量结果中，受测成绩最平均，上课时数也是最少的。原因在于，多数的老师会平实地尽力去带好大多数的学生，而不会逼着少数学生去冲高单一科目的成绩。

我在各地的访谈中，经常会听到行政、教育研究单位的专业教授、学者、教师、校长、人员、官员们再三强调：

"我们不需要创造出一个无法融入社会的天才，我们要的是能与大家相处的人才。"

"我们不会一直去凸显或强调优秀的孩子，因为，孩子的心底，或多或少都心知肚明。"

"竞争会带来什么好处？你可以证明给我看，过度竞争的优点在哪里？

其结果又是什么？"

"天资聪明固然好，但是只有一味地追求智力，却缺乏与朋友、同侪互动能力的孩子，其实是失败的教育。"

"每个人都有其价值。"

"聪明的孩子可以选择跳级，可是，他的社会适应能力准备好了吗？他的情绪管理能力够成熟了吗？"

"只有智力领先，但却不够全方位成长，那是不对的。"

这些论述，好与不好，见仁见智。但是这种对于人的尊重与照顾精神，的确很北欧，很斯堪的纳维亚。

虽然芬兰在地理上，严格算来，不归属于斯堪的纳维亚半岛，但北欧五国之间相互提携、影响所带来的良性循环，却也在这五国中各自开花结果，产生几乎理念一致的制度、模式与实践。

在芬兰，这么一个小众人口的社会，实在无法承受得起超过15%处于学习劣势的新生代民众，所以教育学界、官员与研究机构一再强调，即便是全国中学生中只有两三百人的落差，他们都无法承受。

整个社会花下巨额心力在教育上，为的就是对于学习能力与环境弱势者的悉心照顾，所求的无非是把我们可能视为"差生"的学生人数比例降到最低，以避免这些在学校的弱势者变成日后社会上的潜在问题与犯罪制造者，届时整个国家就得付出更大的成本去拼治安了。

但让我好奇的是，如果不强调"精英"式教学，资质优秀或甚至课业成绩突出的学生，要如何出头？这项课题，在芬兰当然会有人操心，但是国家提供基础教育的义务，是为最广大的人民提供"平等"而优质的教育资源。而拥有特殊才能与兴趣的孩子，普遍可以从初中起，选择到数学、

阳光海湾学校的中学生

运动、艺术、音乐等专长额外加修的学校去就读。

　　虽然芬兰社会与家长心目中还是知道哪些是所谓"明星"级的高中，但那是一种个别选择，不是唯一的方法。整体社会风气，不强调、也不会极度地以此作为引领风潮的议题。教育体系不带头、不鼓动、不排名，希望落实相对的"平等"，以此为教育施政最基本的考量。毕竟，天才与精英是真正的少数。

　　一直在芬兰住了第六年之际，我才能深刻体会到芬兰人认为教育体系放弃学习落后的孩子，是一件多么令人难过的不人道事情。

　　赫尔辛基市府教育局的比雅说："每一个孩子，一定有性格与能力上可取之处，如果数学不好、理化不行，不代表必然没有其他学习优点。如果音乐不强、美术不行，那他可能擅长运动。"

　　这些谈话的所有结论都导向于，人一定会有一种强项吧！

　　我惊讶地想到，从小耳熟能详，甚至倒背如流，用来安慰别人也安慰自己的话，譬如"天生我材必有用"、"有教无类"、"适才适所"，竟在偏远极地的芬兰，这几十年来，不断地被落实。且他们一再强调，教育就是应该帮助孩子们找出自己的优势，而不是要他们全部往一个模子里去套，套不好的就被迫放弃，就被视为"落后"。

从1994年到2004年间的教育改革过程中，芬兰中学生的艺术、音乐、体育等课程减少了两三堂，多了一堂数学课和两堂语言课。许多第一线的教育工作者并不认同，认为这样会抹煞不擅长某些学科孩子的学习成长机会，更可能造成学习上的不平等。这股质疑反对的声浪，将会再促使下一阶段的全国核心教育纲领进一步做出修正，毕竟，教育的改革与变迁是要跟随着社会与环境变化需求而永无止境地推动下去。

果不其然，这次刚发布的最新课纲中，艺术、音乐、体育等课程比上次2004年的总课纲多了三堂，历史社会课也增加了两堂，但为维持相同的授课时数，宗教或伦理课因此少了一堂，自选课也减了三堂，不过也增添了更多具弹性的艺术与专有技术规划课程。

教育，芬兰的新品牌

来到北欧之后，最感惊奇的不外乎是这些国家国土面积不大、人口数不多，但总体成绩表现却非常亮丽。虽然在还没来北欧时，就多少听闻西方国家对于她们的进步赞不绝口，但来了以后，才真正在逐年之间，领会出人们口里所称的"进步"在何处。

北欧的进步，不是亚洲人习以为常的街道上车水马龙、栉比鳞次的高楼大厦、万头攒动的股汇市、一桌接一桌的精美餐宴，以及夺目耀眼的购物中心。

北欧的进步，其实是在其"思想"上的先进、在其努力落实的真平等、在其善待人民，不论是贫、是富、是贵、是贱。这项"人人生而平等"的价值观，才是让我年复一年不断咀嚼其人文社会深层意涵，从而对北欧国家另眼相看之处。

时时在想，如果来个乾坤大挪移，如果当初来了这片地区的不是这些北欧人，而是亚洲族裔，那是否也能因着冬季的酷寒、环境的艰辛，而和现今的北欧人一样的务实、踏实，将每个孩子视为人生瑰宝，将每位公民视为国家资产？

　　北欧五国的人口数加总起来，不过2500多万人，总领土面积，如果不包括丹麦领地格陵兰的话，大约132万平方公里，这五国已经大致能做到城乡真无差距、教育无不平等、建设直通北极圈最深远处。

　　这些严冬与黑夜漫长、生活环境颇为艰辛的国家，我岂能不对她们的公民社会与国家教育、福利机制发展程度，诚心地竖起大拇指赞许呢？

　　我一直以为，所有的事情总是比较级，将自己放在合适的位置去相较才有意义。世界上许多先进国家的人口数或领土面积都不大，而只要邻近国家的人口多，那是市场与发展腹地，就如同芬兰"右舍"的俄罗斯，光是一个圣彼得堡就有和芬兰全国总人口差不多的五六百万人。

　　很为芬兰庆幸的是，他们没有因为邻国的强大，而忘却发展自己小而美的特色，走着稳健的自我发展之路。要不然，今日这扇美好的经贸投资机会之窗，必然难以开启。

　　如果永远只是没自信地紧紧追随着一个又一个"巨人"的身影而走，那绝对难以走出自己的一片天！因为跟得再紧，别人永远当你是小弟，无法成为站上台面的一哥。我在瑞典与芬兰之间，看到了这个明显的发展心态变化。

　　在一场芬兰全国教委会为日本教育学者所举办的有关芬兰教育的研讨会中，看着日本教育界的教师、校长、研究学者们，来自幼儿教育、中小学，乃至大学系所的都有，各个争相埋头勤做笔记，努力聆听着一场接一场的演说与研讨，我打从心里钦佩他们的学习精神。

　　我不时地看着他们，想到一批又一批前来芬兰取"教育"经的日本教育人士，这场景，令人恍如隔世。想着芬兰以人为本的教育理念，能在一代接一代的努力中，获得全球教育评比一再的肯定，我不禁做了个不小的梦。如果我们能摆脱所有的框架与旧思维，我们的孩子应该会是亚洲社会中，最有潜力与机会成为拥有独立自主、多元文化与民主人权特质的未来主人翁的！我们不仅东、西方思想兼容并蓄，可以借由灵活具弹性的教育体制，良性循环地型塑出最具有整体竞争力的新生代，而且如果这场国际教育研讨会的场景，换成是我们主办，而争相前来学习的是左邻右舍的老大哥们，以及全球各地的国家，那该有多美好啊！

我脑海中浮现出这样的画面，很不专心地做了这么一个白日梦！但是，我想的果真只是一个梦吗？果真只能当成一个梦，来想我们未来世世代代的教育吗？

我万万没有想到，一个没有石油、没有廉价劳工、没有丰富天然物资、没有众所瞩目的汽车工业等等的北疆极地小国，竟能把"教育"变成一种

位于艾斯波市湾区的Nokia公司全球营运总部

火红的著名"输出"品。这对一个默默耕耘、杳无人知的艰困环境国度来说，无疑是老天爷给她的人民世代相传的最佳强心剂。芬兰，百年以前还是欧洲的贫穷国家之一，如今却让世人看到了"有志者事竟成"，以及"千里之行积于跬步"的希望与荣景。

来自全球各地让芬兰应接不暇的教育考察团，加上芬兰所举办的一场接一场国际教育研讨会，总还会为"芬兰教育"这个已经打得响亮的品牌，带来如同涟漪一般不断扩散出去的全球讨论热潮。

百年前的芬兰，绝无法预先设想到今日的发展成果，而50年前所进行的一次决定性教改，也必然无法想象会达成今日的举世艳羡光景。然而，所有公平的自然法则，总不知不觉地让人感慨："老天爷，还真是会疼憨人！"但真正的憨人，是必须一步一脚印、不求快、不求第一、不求立竿见影地走稳每一阶段。

"憨人"的哲学，不外乎是"尽人事、听天命"罢了。一心只想着将事情做好，那时间总会有站在我这边的一天吧。

原来，所有事物成功的道理，不过就是这么简单！

教育，让世界前来取经

　　我在日本学界为主的芬兰教育研讨会现场，听到一位接一位日本学者提出各项日本教育面临的问题，如师道低落、学生不快乐、要怎样培养阅读、不敢放学生太多的假等等，让我听来颇为耳熟，这份"同理心"让我蓦然惊觉，"我们的情况和你们真是大同小异啊！"

　　这些日本男女师长、学者们，以日文问着我说："真的吗？你们和我们有像啊？"这不是我第一次如此听到，在2008年初春的另一场国际研讨会中，也听到出席的日本学界如此问道。

　　我想，"这些会场上问出来的，或私下和我聊天提出来的熟悉问题，是因为我太了解你们的制度，还是你们不太认识我们的状况？"我望着他们满脸疑惑，不禁心生怀疑，低头嘀嘀咕咕起来。难怪，有一回《赫尔辛基日报》上报导说，有些瑞典学校的教科书，至今还会将芬兰描绘成"贫穷落后、不擅长运动、学生水平不足的国家"。

　　这是"大哥"一向习惯看待身边"小弟"的态度问题吧？当以往的巨人身影，被身边小弟们急速地赶超时，巨人是不是只会原地踏步，还以为这些小国们也一直会跟在身边咧？

但只要巨人一旦觉醒，不仅向前看，还向更先进的国家与观念学习时，小国们是要亦步亦趋地跟着巨人，继续接收着巨人转来的第二手信息、观念呢，还是应该决心放弃拾人牙慧的旧式从属关系，直接向第一手的先进国家学习，和巨人一起迎头赶上？选择后者，原先的小弟不仅拒绝再做巨人身边的附属、第二手，还能创造出自身的进步动力与价值！

我总觉得，如果芬兰没有创造出自己的"人本"教育模式，而且实实在在地把它执行出来，那就不会有今天国际教育评比上的"无心插柳"成就，也不会有邻国丹麦在第一时间就派出教育团，到这位北欧小老弟的家里，一再探索："为什么你们能做到？"

丹麦的访团一再问芬兰教育专家说："咱们不是很像吗？可是，你们怎么做到的？"

芬兰教育界人士开玩笑地跟我说："就因为个性不同嘛！"

当然，这不是说芬兰只用一句话，就打发了丹麦的好奇心，而是各国都应该先理解本来各国的状况就不同，以此作为基本出发点，然后再慢慢一点一滴地详细剖析可行之道。

欧盟大国德国，也在几年之间组成了无数的教育团体到芬兰来，另外，就在德国和欧洲多数国家一连来了几十个考察团后，芬兰的瑞典"大哥"也终于有点心不甘情不愿地派人到芬兰来了解，究竟芬兰教育是强在哪里呀？

东部一所中学的校长跟我说，有一回在德国出席一项研讨会时，居然一到会场就碰到德国人争相询问他："你们是怎么办到的？"校长有点不好意思地跟我说："说实在话，我当时连发生什么事都不知道呢！"

芬兰现在接待研究芬兰教育的有关访问团体，不仅逐年增多，还有不

树林区漫步活动的芬兰小学生

少国家是一团接一团地派来。芬兰全国教委会的人跟我说，还有一家挪威公司，专门办理到芬兰来的教育参访兼旅游！我们一起笑着说，怎么是挪威人当起了芬兰的"中介"呢！

看来，小弟终有长大成"巨人"的一天，只要小弟真心愿意一步一脚印，坚持属于自己自创品牌的"教育"与尊重基本"人本价值"的初衷！

在这个最真实不过的案例中，我看到了上苍施以珍爱生命者的最大力量与最美希望。

几个世纪以来只能被称作"波罗的海女儿"的芬兰，曾经拜通讯科技之赐出了个Nokia之后，又靠着"教育"这个自创的全新世界级品牌，在人类迈入21世纪之初，大放异彩。

芬兰终于让身边的老大哥们，以及其他的先进国家，开始知道她的地理位置到底在哪里了！

来芬兰念书，好吗

有时，常会有人留言给我，认为芬兰教育实在很好，希望能带孩子移民来此就读。

就这一点，我必须很中肯地说，芬兰教育的好，是在于其施行过程中非常重视"平等"与"平均"。如果你认为自己孩子是天才、是奇葩，可能会对芬兰的这种教育理念嗤之以鼻，认为自己的孩子无法在这种体制里，被凸显、表扬与彰显出来。因为她们的教育思维重视"平实"，不太强调"精英"，不乐意只花费资源在培养精英上，反而尽力照顾相对弱势、相对落后的学习者。另外，芬兰教育有着北欧式的独立精神，盼望能培养出独立自主的学习精神，相较之下，无法和英式的纪律与德式的严谨，放在同一种天平上去互相衡量。

芬兰式的教学目的，是希望每个孩子都能有自己的思想，而读书的动机和学习方向的选取，是依照孩子的意愿，而不是采用揠苗助长的方式由师长教导出"终生职志"。希望父母能陪着孩子一起，找出孩子心中的兴趣与志向，从而能自动自发地去学习。

从尊重人性、自然养成的某些角度来看，这是相当独立自由，也比较

"人本、人性"的教育哲学。老
师逼不得，家长也干预不了太多，
许多事务由学生来做主。所以要
想想这样的思维模式，你能接
受吗？

再从最实际层面来说，芬兰
并非英语系国家，教育环境再好
再完善、英语再普遍，终有着外

罗亚市正在做群组讨论的中学生

来移民一定要面对的芬兰语言，与融入其社会和职场的问题。毕竟，芬兰
语不是英语，任何移入者，都必须学习芬兰语或是瑞典语，这将是重要的
谋生工具与生活条件。除非只是短期的旅居者，不是终将在此久驻的居民，
那做法上可能会不同。

我们家是因为工作的关系来到芬兰。芬兰六年，就人生旅程来说，说
长不长，说短不短；说它长，它的确长到足以使一个人从大学念到硕士，
说它短，是因为或许芬兰只是我整段生命之旅中的一处驿站。因此，在想
法与需求上，会有些不同。所以我们必须在面对选择的十字路口时，先要
多多了解与认知，知道何者才是自己现阶段里，最重要的同心圆。

如果我说，我庆幸女儿们能和芬兰孩子一同动手做木工、做电工、学
缝纫、学织布、在森林中找路、在冰雪中溜冰……是因为这些，我一样也
不擅长，我很乐意看她们如此广泛地学习。但对于习惯以学业为重、必须
要孩子赢在起跑点的许多父母，这样的多元、博杂的学习环境，如此的养
成过程会使你们安心吗？许多的学习课程，谁也不知道日后有没有"用"，
因为它们不见得对于未来的"考试、升学"有直接、重大的助益。这样的

教育理念，真能认同吗？

我很赏识那些动手实做的课程，也很开心看到孩子们能慢慢养成具有独立自主性的个体，并领会芬兰教育最核心的价值与重视"人本"的精神，乐意以一个文化观察者和地球村一分子的角度，去多加发掘与研究芬兰的教育理念与实际教学方式。

这除了是我搬迁人生中的一项因缘际会外，芬兰那种平实、脚踏实地的性格，也让我一再体会到"天公疼憨人"，每每读之、听之、观之芬兰人这几十年来"踏实筑梦"的艰苦历程，内心总是澎湃、动容感怀。

但平心而论，我并不认为大家可以因为芬兰的基础教育有口皆碑，就应该心动地大举移居，而携家带子地远离故土，来到一个与母语切割的环境中，重新设法安家育子。

因为这除了大人们立刻要面对的语言转换学习，以及谋生求职等现实的适应问题，下一代的语言适应与学习问题，更要用非常健全的心理建设和完整的生涯规划来面对、思考。

这些看法，是我对于想直接移来芬兰，并且设想要直接进入芬兰基础教育的父母们，所提出的诚恳建言。

不过，从另一个角度来看，芬兰的高等教育的确已经有不少以英语为教学语言的各类课程。如果孩子们已经在本国母语文化环境里稳定成长，父母也许可以规划迁移到此来认识不同的高等教育制度与模式，未尝不是种选择。

在愈来愈走向全球化的今天，有许多家庭因为父母的工作，而必须一而再、再而三地跨国，甚至跨洲际迁移。这样的情况，我总是鼓励父母与孩子一起成长。孩子或许必须离开原有的母语环境，但有父母在身旁，有

家庭作堡垒后盾，即便发生短期
的文化调适与学习衔接的问题，
终将会随着时间推移而逐渐解决，
也更能让一家人都受益于跨文化
差异的丰富、多元成长的人生
旅程。

　　但是，任何的收获与成长，
必定是曾经付出各样的辛劳与努
力所换来的。

　　我知道，女儿们终将长大，
而芬兰六年结束后，回到台北，
可能又将再度搬迁。那她们的下
一站学习之地在哪里？我们无法
掌握，然而我只能虚心、惜福地
珍藏起与孩子们相处的每一段历
程，并总是衷心地期许，一切都
能平安顺利。

　　我始终相信，所有曾经走过
的旅程，必将是我们未来下一段
异地生活的养分；我更相信，孩
子们终将因为父母以健康态度面
对搬迁人生与异国文化，而在成
长的过程中，有所收获。

大女儿学校每年三月的滑雪日

芬兰国家历史馆前的国家动物棕熊石雕

适合做CEO的民族

2007年9月，我参加一场专为日本教育界所举办的芬兰教育研讨会；研讨会期间，我们一起与众多芬兰教育官员、教授、学者、老师们谈了不少芬兰教育的理念和实行概况，也参观了两所赫尔辛基城外郊区城镇的中小学。

随后一个月，我在一次酒会中遇见芬兰朋友尤奇和米凯尔，我们之前就曾在一次晚餐会中，聊到芬兰教育；尤奇对芬兰教育的举世艳羡成就，抱着疑惑的看法，对芬兰年轻一辈的前景，多少还带点不那么乐观的心思。

"我对于我们的教育成果，很怀疑咧！"尤奇当时有点高分贝地说。

所以那天在酒会上看到尤奇，我就笑着调侃他说："其实啊，你们的教育很不错啦！我一个月前花了将近九百欧元，参加了一场为期两天的研讨会；那可是专为日本教育界举办的喔。你看看，人家千里迢迢来取经！"

尤奇和米凯尔互望，既恍然大悟，却又带点玩笑地说："啊哈，咱们芬兰教育办得真好，还有商业头脑，竟可以赚钱！"

我就看着他们像哥俩好，东一句、西一言，笑容可掬地讨论起这个话题；我觉得好笑，接过话说："我们还去参观了两所外地的学校，因为赫尔辛基大区内的学校，已经负荷不了过多的访客，所以九月底的行程，只能往外城安排了。"

"哦，对了，我们去的那两所中小学，整个建筑造型，明亮、现代，又漂亮。"

尤奇就和许多芬兰人一样，总是三不五时要挑剔自己人，他觉得时下芬兰年轻人的话太多，地铁里大家都在讲手机，比以往吵得多。

我和先生下个结论说，改天我一定会和尤奇提起，为了让我这个"外人"有机会真正了解他们的芬兰教育，是平等、平衡、普及，我找时间到各地的大城小镇，随机走访洽问，不去所谓教育当局安排的"样板"学校，也绝不只是在首都附近晃晃走走。我相信唯有深入、广泛去看到真实的芬兰学校和师生互动，或许也才能回头向尤奇，或者芬兰和世界其他地方的朋友们说声："芬兰教育，不是盖的！"

当然，芬兰人真的很爱挑衅自己，有时我总不免在玩笑之间谈起，同样一件事让芬兰人来说和让意大利人来讲，会产生截然不同的观感：一个会把八分愣说成只有六分的自信不足；另一个则是只有六分，也会说成十分的过度夸张。芬兰保守、羞涩地缺乏信心，意大利却总是自信满满地习惯浮夸，这中间的分野之大，有时候还真是明显！

欧洲流行的一个笑话是，当芬兰还没有加入欧盟时，她就把欧盟的律例法规执行到120%，然而，当时意大利这个欧盟的创始会员国，执行达标率却不到60%。

难怪，许多欧美国家的分析报道都显示，芬兰人适合当CEO，却苦于不善于推销；当我和赫尔辛基副市长寇可能女士这么说起时，想不到她竟然说，对啊，而且这个议题已经登上国会议事殿堂大张旗鼓地讨论咧！

当场反而是我愣住了，狐疑地问说："您是说，国会在讨论芬兰人不擅长推销的事啊？"她一脸正经地说："就是啊！因为我们想要改变呢！"

后来，我还真在一场酒会中又巧遇尤奇。我跟他说，"不错了啦，你老是觉得以前的学生比现在的孩子更认真，但我看到你们新生代的优势，其实他们比以往更具可塑性和潜力！"

这时，另外一位芬兰朋友马提，竟在一旁先接腔地调侃说："啊哈，你别理他，他是老古板啦！"

我诚恳地跟尤奇说："你们教育官员和教育界，对于芬兰教育的成果和未来，可是信心十足。"

北极圈恩侬戴奇欧镇小学里指着地球仪上亚洲位置的老师

他笑答着："你别忘了，那是他们的工作啊，还好我不是在教育部上班哦。"

我说："你就别再忧心忡忡了，改天我来跟你'简报'芬兰教育和亚洲教育的差别吧！"

大伙儿惊喜地呵呵笑起来，你一句、我一语地向尤奇说，就是嘛，就是嘛，有信心一点吧……

在芬兰，同样的事，如果你问了不同的人，或是不同年代的人，总会有不同的评论与看法，可能从极度不认可的，到极端看好的都有。但有趣动人的是，最后总能见到大多数人在某些社会核心价值上与教育的基本概念精神上，激发最有共识的火花。

芬兰，你的前途似锦

写完这本书的初稿，已经是三月底四月初了，我又历经了一个漫长的秋冬，无数时日的天昏地暗，我突发奇想要去买一台紫外线的仿日光照射机，才不致于让我在应该工作书写时，却显得要冬眠一样的昏昏欲睡。

三月底，一如往常，芬兰调整回到夏令时间，好像一瞬间，天不仅亮了许多，阴郁厚重的云层也散开了。

夏令时间的开始，万物欣欣向荣；冬令时间的调整，万物就好似全都归零。只是，我知道，生活不论在何方，是应该不分雨晴寒暑，都得要继续运行才是。

四月初，我又去参加另外一场为期三天的芬兰教育国际研讨会，这回的参与者来自世界二十多个国家，都是教育界的学者、校长、老师、专家和教育部官员、研究机构、学校行政等，大家聚在一起谈芬兰、谈自己国家、谈世界。当然，研讨会的收费还是一样高。

过去几个月中，我陆续约访过多位芬兰教育当局的官员，举办研讨会的国际处资深顾问兼承办人哈娜说："你已经很了解我们的教育了！不过，真的很欢迎再来哦！"

我很不好意思地回答说，嗯，其实有时候当你知道愈多时，触及的层面愈广、愈深，就会更担心自己的不足；愈挖掘，就愈想再深入探索下去。而我，只能算是略有所知，任何的领域，只要再往下细分、探讨、了解，那绝对是永无止境的。我不过是把这六年来所见、所闻、所读、所谈、所学、所思、所访，陆续整理出来罢了。

我不是专职的教育工作者，但却希望以身为两个孩子的母亲，以及期许自己对于所处环境的社会人文与跨文化间差异有所感触与深刻体认的社会观察者身份，去看见芬兰与芬兰教育这片"广阔森林"的全貌，并感受到栽种出这片茂密森林背后的真心、真情。如此看待自己，心里会比较踏实。

我知道，参加完这一场和国际学界一起进行的芬兰教育会议之后，我必然又会产生更深一层与更新的观感。更何况，教育体系与教育理念，本来就是不断改变的"进行式"，必须随着时代的脉动和师生互动的新情况，而不停止地推演向前走。芬兰教育几十年来就是这样地自我适应、自我调整步伐，而逐渐迈向心中所坚守的学习理想。

芬兰教改一直持续不断，而我深刻体会到，唯一改变的是"思想"，而唯一不变的，必然是其中的基本"价值"与"精神"。

而"价值"与"精神"取得最大多数人民的共识，才是驱使整体教育体系与父母家长一起去落实这些理念的根本基础。确立了"人本"的中心思想，看似随波逐流、顺应时势的教改，但终究会殊途同归地弹性变化而已了。

三月底的午后，我在那条有着"赫尔辛基香榭里舍大道"的公园人行步道上，巧遇尤奇。

　　一阵子话家常、聊近况之后，我提起近一年间在芬兰从北到南，将近百次不间断的晤面、会谈，以及大城小镇间穿梭走访数十所学校、图书馆、机构、人员等等，然后我说了：

　　"放心啦！可以对你们教育有信心啦！你们国家教委会，又要办国际研讨会了！"

　　尤奇此时笑呵呵地说："天啊，我们教育单位真是太厉害了！"

　　我忍不住开了这位在芬兰中央部会高就的尤奇一句玩笑："是啊，你们光是教育部去年就已接待了来自六十五国的政府、部会首长、议员等成千个参访团！我看你请调到教育部去帮忙吧！"

　　他迸出了芬兰人难得一见的爆笑！

　　几天之后，我行经芬兰总统府侧旁的露天市集广场，再辗转走过赫尔辛基市政府旁的百年鹅卵石路，进入了那栋有百年建筑历史的恩格尔咖啡馆，和一位赫尔辛基议会的教育理事帕卡里能女士做了我这本书的最后一场访谈。

　　我和开朗健谈的她，边用早餐，边聊着芬兰、芬兰教育、芬兰人生……

　　当我和她拥别之后，走出了这家总是本地人和观光客一起人潮汹涌的咖啡老店。这是个略带阴湿雪泥的午后，我抬头望见灰蒙蒙的天色，却也见到咖啡馆对面广场正上方，大家俗称"白教堂"的雄伟赫尔辛基大教堂，依旧气宇轩昂地矗立在石阶梯上。内心竟然涌出了六年前，初来乍到芬兰时，一看到她的那一份悸动！只是现在多了数不尽的亲切，与难以割舍的情感，心中对她说了句："你站得真好！"

　　想起在咖啡馆里的谈话，谈到芬兰教育所面对的挑战之一就是，从前她年幼时，几乎少有外国人的赫尔辛基市，现在因产业科技等产生的外来移民已经占了11% ；而随着赫尔辛基不断走向国际化，未来几年已预期会逐渐增加到25%的外籍移入中小学生。所以关于如何顺利教好这些外来移入设籍的子女，市政府基本的规划早已开始在执行了。

她笃实、远见的分析，让我的脑海仿佛一下随着她的讲解和说明，跌进了时光隧道，从芬兰教育的过去一路听到未来规划。这一趟环环相扣的时光之旅，正如同所有城市的过往与未来，必定有其轨迹可寻。但只要踩着踏实走过的路，一路笃实地面对任何未来挑战，尽力做好活在当下的每一刻，那未来，必然是美好灿烂的。

眼前在灰蒙天色下依然耀眼的白教堂，也让我把记忆中所有不同天气下，她所映现过的缤纷迷人风情，用幻灯片一样地一帧帧滑过，在我心中刻画出闪亮悦人的瑰丽景象。

她的不变与坚持，总是在环境的千变万化中，显出气宇非凡的平实。

我掉入了一百多年前英国女作家崔蒂对芬兰的思考与预言：

"出众的教育制度，将确保芬兰，前途似锦！"

初春的赫尔辛基白教堂

后记

芬兰做到了，我们也行　　Afterword

《芬兰教育全球第一的秘密》出版至今即将十二年，曾登上各网上书店和实体书店畅销榜及好书推荐之列，也曾被众多地方和媒体评选为年度好书，以及许多高中、大学的推荐书籍。

这十多年间，大众从对芬兰的不熟识，到掀起一股股急切了解芬兰的热潮，许许多多教育工作者、学者专家、中小学教师及校长等等，陆续前往芬兰考察研究、旅行、学习，许多人对这个北欧国度充满着高度好奇，也对其所施行的教育理念与体系产生浓郁兴致，纷纷想一探究竟。

2008年，当这本书快要印制完成出版时，当时出版社总编辑若兰曾来信提及，书里的内容让她大开眼界。当下，我明了她所指的"大开眼界"，应该和我在北欧六年间不断跨越进步与成长的心境相似。眼界，有时必须超越过往成长与学习环境，去遇见、看到截然不同的观念与想法，再经由思考、咀嚼而获得。

过往的观念与想法，若没有机会受到其他思维的启发，甚至冲撞与重新盘整认知，就很难有机缘去打破原本固有的思想与观念。

原先的思想与观念，不必然就是陈旧，也不应为了打破而打破，而是因为遇见了更美好、更理想并实证可行的事物，自然而然吸引人们去追求与向往。而所谓美好、理想的事物，对我而言，永远是回到事物的本质，去探求事物的初衷。教育，正应当如此。

当时这本书一路写来的挑战，就是我该以何种方式呈现，该怎么写下脑子里塞满的六年芬兰生活、女儿在芬兰的学习、自己曾经和数百位芬兰教育等各界人士的对话、超过五十所学校与机构的参访，以及参与国际教育人士群聚研讨的丰富见闻。

我深怕有遗漏，又总是经常出现新的想法与书写角度，于是一直苦思着。我知道，在人生不同阶段写这本书，文字、笔触和内容，必然不同。就如同教育界的国际研讨会中，任何一位芬兰专家来谈教育，都会出现不同的着力点、专业背景与个人经验值。同一主题，遇上不同时间点、不同讲者，诠释就会不同。

但想要了解一个国家的教育，必然要对整体社会人文环境都有所认识。毕竟，所有知识与学问是相通的，而教育议题，牵涉到的绝对是社会的各个层面，唯有社会普遍接受、建立起来的观念与想法，才是驱动任何改革的动力。

听到亚洲许多国家的教育学者说"不可能、不适合，我们国情不同……"，我总试着跟他们说："有可能、会适合，因为这个教育体制，很人性、很务本……"他们仍是一脸狐疑地追问我："为什么芬兰的教师，能有如此高的社会地位？"想不到，我在国际研讨会的现场，也能以在地人与外来人的双重身份，成为协助短期走访芬兰的外人，去诠释他们难以理解的芬兰现象的"代言人"。

这本书，是我试着为芬兰基础教育所作的第一个诠释，书里有许多我曾经实地走访芬兰的深刻记录，即便这么多年后再阅读，依旧让我动容。

2016年8月，芬兰最新课纲正式上线，我购买了新出炉的在线版课纲，更新了原书里的数据，但当我再次阅读出版于2008年的这本书时，我发现，芬兰对教育的本质与概念，并没有改变，反而更加深化。

芬兰新课纲中，强调了跨科目学习的重要性，也强调教育是为了应对未来与变动的社会，学生必须具备七种核心能力，其中包括"思考和学习能力"、"文化素养、互动和表达能力"、"照顾自己、管理日常生活及自我安全的能力"、"多语文能力"、"信息科技能力"、"职场技能和创业能力"、"参与、自我增能和负责任的能力"。

芬兰教育的变，是随着时代的变化趋势所必须做的调整，而改变与调整，是每个国家教育体系与教育工作者都必须面对的。

所有的变，来自于适应大环境与未来的变化，但所有的不变，则永远是来自于追求一个国家人民与社会的最大福祉，以及对于教育与学习"所为何来"的坚持与信仰。

在近十年的芬兰热后，芬兰终于能为自己正名，亲友们也总算知道我曾经去了何方，不会再将"芬兰"当成"丹麦"或"俄罗斯"，更不会再将"赫尔辛基"视为"斯德哥尔摩"了！

陈之华

"常青藤"书系——中青文教师用书总目录

书名	书号	定价
特别推荐——从优秀到卓越系列		
★ 从优秀教师到卓越教师：极具影响力的日常教学策略	9787515312378	33.80
★ 从优秀教学到卓越教学：让学生专注学习的最实用教学指南	9787515324227	39.90
★ 从优秀学校到卓越学校：他们的校长在哪些方面做得更好	9787515325637	59.90
★ 卓越课堂管理（中国教育新闻网2015年度"影响教师的100本书"）	9787515331362	88.00
名师新经典/教育名著		
最难的问题不在考试中：先别教答案，带学生自己找到想问的事	9787515365930	48.00
在芬兰中小学课堂观摩研修的365日	9787515363608	49.00
★ 马文·柯林斯的教育之道：通往卓越教育的路径（《中国教育报》2019年度"教师喜爱的100本书"，中国教育新闻网2019年度"影响教师的100本书"。朱永新作序，李希贵力荐）	9787515355122	49.80
★ 如何当好一名学校中层：快速提升中层能力、成就优秀学校的31个高效策略	9787515346519	49.00
★ 像冠军一样教学（全新修订版）：提升学生认知、习惯、专注力和归属感的63个教学诀窍	9787515373287	79.90
像冠军一样教学2：引领教师掌握62个教学诀窍的实操手册与教学资源	9787515352022	68.00
★ 如何成为高效能教师	9787515301747	89.00
★ 给教师的101条建议（第三版）（《中国教育报》"最佳图书"奖）	9787515342665	49.00
★ 改善学生课堂表现的50个方法：小技巧获得大改变（中国教育新闻网2010年度"影响教师的100本书"）	9787500693536	33.00
改善学生课堂表现的50个方法操作指南：小技巧获得大改变	9787515334783	39.00
美国中小学世界历史读本/世界地理读本/艺术史读本	9787515317397等	106.00
美国语文读本（1~6册）	9787515314624等	252.70
和优秀教师一起读苏霍姆林斯基	9787500698401	27.00
快速破解60个日常教学难题	9787515339320	39.90
★ 美国最好的中学是怎样的——让孩子成为学习高手的乐园	9787515344713	28.00
建立以学习共同体为导向的师生关系：让教育的复杂问题变得简单	9787515353449	33.80
教师成长/专业素养		
如何爱上教学：给倦怠期教师的建议	9787515373607	49.90
如何促进教师发展与评价：一套精准提高教师专业成长的马扎诺实操系统	9787515366913	59.90
人工智能如何影响教学：从作业设计、个性化学习到创新评价方法	9787515370125	49.00
项目式学习标准：经过验证的、严谨的、行之有效的课堂教学	9787515371252	49.90
自适应学习与合作学习:如何在学校课程体系中实现学生的深度学习	9787515371276	49.90
教师生存指南：即查即用的课堂策略、教学工具和课程活动	9787515370521	79.00
如何管理课堂行为	9787515370941	49.90
连接课：与中小学学科课程并重的一门课	9787515370613	49.90
专业学习共同体：如何提高学生成绩	9787515370149	49.90
更好的沟通：如何通过训练变得更可信、更体贴、更有人脉	9787515372440	59.90
教师生存指南：即查即用的课堂策略、教学工具和课程活动	9787515370521	79.00
如何更积极地教学	9787515369594	49.00
教师的专业成长与评价性思考：专业主义如何影响和改变教育	9787515369143	49.90
精益教育与可见的学习：如何用更精简的教学实现更好的学习成果	9787515368672	59.00
教学这件事：感动几代人的教师专业成长指南	9787515367910	49.00
如何更快地变得更好：新教师90天培训计划	9787515365824	59.90
让每个孩子都发光：赋能学生成长、促进教师发展的KIPP学校教育模式	9787515366852	59.00
60秒教师专业发展指南：给教师的239个持续成长建议	9787515366739	59.90
通过积极的师生关系提升学生成绩：给教师的行动清单	9787515356877	49.00
卓越教师工具包：帮你顺利度过从教的前5年	9787515361345	49.00
★ 可见的学习与深度学习：最大化学生的技能、意志力和兴奋感	9787515361116	45.00
学生教给我的17件重要的事：带给你爱、勇气、坚持与创意的人生课堂	9787515361208	39.80
★ 教师如何持续学习与精进	9787515361109	39.00
从实习教师到优秀教师	9787515358673	39.90
像领袖一样教学：改变学生命运，使学生变得更好（中国教育新闻网2015年度"影响教师的100本书"）	9787515355375	49.00

	书名	书号	定价
★	你的第一年：新教师如何生存和发展	9787515351599	33.80
	教师精力管理：让教师高效教学，学生自主学习	9787515349169	39.90
	如何使学生成为优秀的思考者和学习者：哈佛大学教育学院课堂思考解决方案	9787515348155	49.90
	反思性教学：一个已被证明能让教师做到更好的培训项目（30周年纪念版）	9787515347837	59.90
★	凭什么让学生服你：极具影响力的日常教育策略（中国教育新闻网2017年度"影响教师的100本书"）	9787515347554	39.90
	运用积极心理学提高学生成绩（中国教育新闻网2017年度"影响教师的100本书"）	9787515345680	59.90
	可见的学习与思维教学（教学资源版）：成长型思维教学的54个教学资源	9787515354743	36.00
★	可见的学习与思维教学：让教学对学生可见，让学习对教师可见（中国教育报2017年度"教师喜爱的100本书"）	9787515345000	39.90
	教学是一段旅程：成长为卓越教师你一定要知道的事	9787515344478	39.00
	安奈特·布鲁肖写给教师的101首诗	9787515340982	35.00
	万人迷老师养成宝典学习指南	9787515340784	28.00
	中小学教师职业道德培训手册：师德的定义、养成与评估	9787515340777	32.00
	成为顶尖教师的10项修炼（中国教育新闻网2015年度"影响教师的100本书"）	9787515334066	49.90
★	T. E. T. 教师效能训练：一个已被证明能让所有年龄学生做到最好的培训项目（30周年纪念版）（中国教育新闻网2015年度"影响教师的100本书"）	9787515332284	49.00
	教学需要打破常规：全世界最受欢迎的创意教学法（中国教育新闻网2015年度"影响教师的100本书"）	9787515331591	45.00
	给幼儿教师的100个创意：幼儿园班级设计与管理	9787515330310	39.90
	给小学教师的100个创意：发展思维能力	9787515327402	29.00
	给中学教师的100个创意：如何激发学生的天赋和特长／杰出的教学／快速改善学生课堂表现	9787515330723等	87.90
	以学生为中心的翻转教学11法	9787515328386	29.00
	如何使教师保持职业激情	9787515305868	29.00
★	如何培训高效能教师：来自全美权威教师培训项目的建议	9787515324685	39.90
	良好教学效果的12试金石：每天都需要专注的事情清单	9787515326283	29.90
★	让每个学生主动参与学习的37个技巧	9787515320526	45.00
	给教师的40堂培训课：教师学习与发展的最佳实操手册	9787515352787	39.90
	提高学生学习效率的9种教学方法	9787515310954	27.80
★	优秀教师的课堂艺术：唤醒快乐积极的教学技能手册	9787515342719	26.00
★	万人迷老师养成宝典（第2版）（中国教育新闻网2010年度"影响教师的100本书"）	9787515342702	39.00
课堂教学/课堂管理			
★	如何成为一名反思型教师	9787515372754	59.90
	设计有效的教学评价与评分系统	9787515372488	49.90
	卓有成效的课堂管理	9787515372464	49.90
	如何在课堂上使用反馈和评价	9787515371719	49.90
	跨学科阅读技能训练：让学生学会通过阅读而学习	9787515372105	49.90
★	老师怎么做，学生才会听：给教师的学生行为管理指南	9787515370811	59.90
	精通式学习法：基于提高学生能力的学习方法	9787515370606	49.90
	好的教学是设计出来的：一套详细、先进、实用的卓越课堂设计和实施方案	9787515370705	49.00
	翻转课堂与差异化教学：以学生为中心的课内翻转教学法	9787515370590	49.00
	精益备课法：在课堂上少做多得的实用方法	9787515370088	49.00
	记忆教学法：利用记忆在课堂上建立深入和持久的学习	9787515370095	49.00
	动机教学法：利用学习动机科学来提高课堂上的注意力和努力	9787515370101	49.00
	目标教学法	9787515372952	49.90
★	课堂上的提问逻辑：更深度、更系统地促进学生的学习与思考	9787515369983	49.90
	可见的教学影响力：系统地执行可见的学习5D深度教学	9787515369624	59.00
	极简课堂管理法：给教师的18个精进课堂管理的建议	9787515369600	49.00
★	像行为管理大师一样管理你的课堂：给教师的课堂行为管理解决方案	9787515368108	59.00
	差异化教学与个性化教学：未来多元课堂的智慧教学解决方案	9787515367095	49.90
	如何设计线上教学细节：快速提升线上课程在线率和课堂学习参与度	9787515365886	49.00
	设计型学习法：教学与学习的重新构想	9787515366982	59.00
	让学习真正在课堂上发生：基于学习状态、高度参与、课堂生态的深度教学	9787515366975	49.00

	书名	书号	定价
	让教师变得更好的75个方法：用更少的压力获得更快的成功	9787515365831	49.00
	技术如何改变教学：使用课堂技术创造令人兴奋的学习体验，并让学生对学习记忆深刻	9787515366661	49.00
	课堂上的问题形成技术：老师怎样做，学生才会提出好的问题	9787515366401	45.00
	翻转课堂与项目式学习	9787515365817	45.00
★	优秀教师一定要知道的19件事：回答教师核心素养问题，解读为什么要向优秀者看齐	9787515366630	39.00
	从作业设计开始的30个创意教学法：运用互动反馈循环实现深度学习	9787515366364	59.00
	基于课堂中精准理解的教学设计	9787515365909	49.00
	如何创建培养自主学习者的课堂管理系统	9787515365879	49.00
	如何设计深度学习的课堂：引导学生学习的176个教学工具	9787515366715	49.90
	如何提高课堂创意与参与度：每个教师都可以使用的178个教学工具	9787515365763	49.90
	如何激活学生思维：激励学生学习与思考的187个教学工具	9787515365770	49.90
	男孩不难教：男孩学业、态度、行为问题的新解决方案	9787515364827	49.00
★	高度参与的线上线下融合式教学设计：极具影响力的备课、上课、练习、评价项目教学法	9787515364438	49.00
★	跨学科项目式教学：通过"+1"教学法进行计划、管理和评估	9787515361086	49.00
	课堂上最重要的56件事	9787515360775	35.00
★	全脑教学与游戏教学法	9787515360690	39.00
★	深度教学：运用苏格拉底式提问法有效开展备课设计和课堂教学	9787515360591	49.90
★	一看就会的课堂设计：三个步骤快速构建完整的课堂管理体系	9787515360584	39.90
	如何有效激发学生学习兴趣	9787515360577	38.00
	如何解决课堂上最关键的9个问题	9787515360195	49.00
	多元智能教学法：挖掘每一个学生的最大潜能	9787515359885	39.90
★	探究式教学：让学生学会思考的四个步骤	9787515359496	39.00
	课堂提问的技术与艺术	9787515358925	49.00
	如何在课堂上实现卓越的教与学	9787515358321	49.00
	基于学习风格的差异化教学	9787515358437	39.90
★	如何在课堂上提问：好问题胜过好答案	9787515358253	39.00
★	高度参与的课堂：提高学生专注力的沉浸式教学	9787515357522	39.90
	让学习变得有趣	9787515357782	39.00
★	如何利用学校网络进行项目式学习和个性化学习	9787515357591	39.90
	基于问题导向的互动式、启发式与探究式课堂教学法	9787515356792	49.00
	如何在课堂中使用讨论：引导学生讨论式学习的60种课堂活动	9787515357027	38.00
	如何在课堂中使用差异化教学	9787515357010	39.90
★	如何在课堂中培养成长型思维	9787515356754	39.90
	每一位教师都是领导者：重新定义教学领导力	9787515356518	39.90
★	教室里的1-2-3魔法教学：美国广泛使用的从学前到八年级的有效课堂纪律管理	9787515355986	39.90
	如何在课堂中使用布卢姆教育目标分类法	9787515355658	39.00
	如何在课堂上使用学习评估	9787515355597	39.00
	7天建立行之有效的课堂管理系统：以学生为中心的分层式正面管教	9787515355269	29.90
	积极课堂：如何更好地解决课堂纪律与学生的冲突	9787515354590	38.00
	设计智慧课堂：培养学生一生受用的学习习惯与思维方式	9787515352770	39.00
	追求学习结果的88个经典教学设计：轻松打造学生积极参与的互动课堂	9787515353524	39.00
	从备课开始的100个课堂活动设计：创造积极课堂环境和学习乐趣的教师工具包	9787515353432	33.80
	老师怎么教，学生才能记得住	9787515353067	48.00
	多维互动式课堂管理：50个行之有效的方法助你事半功倍	9787515353395	39.80
	智能课堂设计清单：帮助教师建立一套规范程序和做事方法	9787515352985	49.90
	提升学生小组合作学习的56个策略：让学生变得专注、自信、会学习	9787515352954	29.90
	快速处理学生行为问题的52个方法：让学生变得自律、专注、爱学习	9787515352428	39.00
	王牌教学法：罗恩·克拉克学校的创意课堂	9787515352145	39.80
	让学生快速融入课堂的88个趣味游戏：让上课变得新颖、紧凑、有成效	9787515351889	39.00
★	如何调动与激励学生：唤醒每个内在学习者（李希贵校长推荐全校教师研读）	9787515350448	39.80
	合作学习技能35课：培养学生的协作能力和未来竞争力	9787515340524	59.00
	基于课程标准的STEM教学设计：有趣有科有效的STEM跨学科培养教学方案	9787515349879	68.00
	如何设计教学细节：好课堂是设计出来的	9787515349152	39.00

书名	书号	定价
15秒课堂管理法：让上课变得有料、有趣、有秩序	9787515348490	49.00
混合式教学：技术工具辅助教学实操手册	9787515347073	39.80
从备课开始的50个创意教学法	9787515346618	39.00
给小学教师的100个简单的科学实验创意	9787515342481	39.00
老师如何提问，学生才会思考	9787515341217	49.00
教师如何提高学生小组合作学习效率	9787515340340	39.00
卓越教师的200条教学策略	9787515340401	49.90
中小学生执行力训练手册：教出高效、专注、有自信的学生	9787515335384	49.90
从课堂开始的创客教育：培养每一位学生的创造能力	9787515342047	33.00
提高学生学习专注力的8个方法：打造深度学习课堂	9787515333557	35.00
改善学生学习态度的58个建议	9787515324067	36.00
★ 全脑教学（中国教育新闻网2015年度"影响教师的100本书"）	9787515323169	38.00
★ 全脑教学与成长型思维教学：提高学生学习力的92个课堂游戏	9787515349466	39.00
★ 哈佛大学教育学院思维训练课：让学生学会思考的20个方法	9787515325101	59.90
完美结束一堂课的35个好创意	9787515325163	28.00
如何更好地教学：优秀教师一定要知道的事	9787515324609	49.90
带着目的教与学	9787515323978	39.90
★ 美国中小学生社会技能课程与活动（学前阶段/1~3年级/4~6年级/7~12年级）	9787515322537等	215.70
彻底走出教学误区：开启轻松智能课堂管理的45个方法	9787515322285	28.00
破解问题学生的行为密码：如何教好焦虑、逆反、孤僻、暴躁、早熟的学生	9787515322292	36.00
13个教学难题解决手册	9787515320502	28.00
★ 让学生爱上学习的165个课堂游戏	9787515319032	59.00
美国学生游戏与素质训练手册：培养孩子合作、自尊、沟通、情商的103种教育游戏	9787515325156	49.00
老师怎么说，学生才会听	9787515312057	39.00
快乐教学：如何让学生积极与你互动（中国教育新闻网2010年度"影响教师的100本书"）	9787500696087	29.00
★ 老师怎么教，学生才会提问	9787515317410	29.00
★ 快速改善课堂纪律的75个方法	9787515313665	39.90
★ 教学可以很简单：高效能教师轻松教学7法	9787515314457	39.00
★ 好老师可以避免的20个课堂错误（中国教育新闻网2010年度"影响教师的100本书"）	9787500688785	39.90
★ 好老师应对课堂挑战的25个方法（《给教师的101条建议》作者新书）	9787500699378	25.00
★ 好老师激励后进生的21个课堂技巧	9787515311838	39.80
★ 开始和结束一堂课的50个好创意	9787515312071	29.80
好老师因材施教的12个方法（美国著名教师伊莉莎白"好老师"三部曲）	9787500694847	22.00
★ 如何打造高效能课堂	9787500680666	29.00
合理有据的教师评价：课堂评估衡量学生进步	9787515330815	29.00
班主任工作/德育		
30年班主任，我没干够（《凭什么让学生服你》姊妹篇）	9787515370569	59.00
★ 北京四中8班的教育奇迹	9787515321608	36.00
★ 师德教育培训手册	9787515326627	29.80
★ 好老师征服后进生的14堂课（美国著名教师伊莉莎白"好老师"三部曲）	9787500693819	39.90
优秀班主任的50条建议：师德教育感动读本（《中国教育报》专题推荐）	9787515305752	23.00
学校管理/校长领导力		
改造一所学校的设计新方案	9787515373737	69.90
★ 哈佛大学教育学院学校创新管理课	9787515369389	59.90
如何构建积极型学校	9787515368818	49.90
卓越课堂的50个关键问题	9787515366678	39.00
如何培育卓越教师：给学校管理者的行动清单	9787515357034	39.00
★ 学校管理最重要的48件事	9787515361055	39.80
重新设计学习和教学空间：设计利于活动、游戏、学习、创造的学习环境	9787515360447	49.90
重新设计一所学校：简单、合理、多样化地解构和重塑现有学习空间和学校环境	9787515356129	49.00
学校管理者平衡时间和精力的21个方法	9787515349886	29.90
校长引导中层和教师思考的50个问题	9787515349176	29.00
如何定义、评估和改变学校文化	9787515340371	49.90

书名	书号	定价
优秀校长一定要做的18件事（中国教育新闻网2009年度"影响教师的100本书"）	9787515342733	39.90
学科教学/教科研		
精读三国演义20讲：读写与思辨能力提升之道	9787515369785	59.90
中学古文观止50讲：文言文阅读能力提升之道	9787515366555	59.90
完美英语备课法：用更短时间和更少材料让学生高度参与的100个课堂游戏	9787515366524	49.00
人大附中整本书阅读取胜之道：让阅读与作文双赢	9787515364636	59.90
北京四中语文课：千古文章	9787515360973	59.00
北京四中语文课：亲近经典	9787515360980	59.00
从备课开始的56个英语创意教学：快速从小白老师到名师高手	9787515359878	49.00
美国学生写作技能训练	9787515355979	39.90
《道德经》妙解、导读与分享（诵读版）	9787515351407	49.00
京沪穗江浙名校名师联手教你：如何写好中考作文	9787515356570	49.00
京沪穗江浙名校名师联手授课：如何写好高考作文	9787515356686	49.80
★ 人大附中中考作文取胜之道	9787515345567	59.90
★ 人大附中高考作文取胜之道	9787515320694	49.00
★ 人大附中学生这样学语文：走近经典名著	9787515328959	49.00
四界语文（《中国教育报》2017年度"教师喜爱的100本书"）	9787515348483	49.00
让小学一年级孩子爱上阅读的40个方法	9787515307589	39.90
让学生爱上数学的48个游戏	9787515326207	26.00
轻松100课教会孩子阅读英文	9787515338781	88.00
情商教育/心理咨询		
如何防止校园霸凌：帮助孩子自信、有韧性和坚强成长的实用工具	9787515370156	59.90
连接课：与中小学学科课程并重的一门课	9787515370613	49.90
给大人的关于儿童青少年情绪与行为问题的应对指南	9787515366418	89.90
教师焦点解决方案：运用焦点解决方案管理学生情绪与行为	9787515369471	49.90
9节课，教你读懂孩子：妙解亲子教育、青春期教育、隔代教育难题	9787515351056	39.80
★ 学生版盖洛普优势识别器（独一无二的优势测量工具）	9787515350387	169.00
与孩子好好说话（获"美国国家育儿出版物（NAPPA）金奖"）	9787515350370	39.80
中小学心理教师的10项修炼	9787515309347	36.00
★ 别和青春期的孩子较劲（增订版）（中国教育新闻网2009年度"影响教师的100本书"）	9787515343075	39.90
★ 100条让孩子胜出的社交规则	9787515327648	28.00
守护孩子安全一定要知道的17个方法	9787515326405	32.00
幼儿园/学前教育		
幼儿园室内区域活动书：107个有趣的学习游戏活动	9787515369778	59.90
幼儿园户外区域活动书：106个有趣的学习游戏活动	9787515369761	59.90
中挪学前教育合作式学习：经验·对话·反思	9787515364858	79.00
幼小衔接听读能力课	9787515364643	33.00
用蒙台梭利教育法开启0～6岁男孩潜能	9787515361222	45.00
德国幼儿的自我表达课：不是孩子爱闹情绪，是她/他想说却不会说!	9787515359458	59.00
德国幼儿教育成功的秘密：近距离体验德国学前教育理念与幼儿园日常活动安排	9787515359465	49.80
美国儿童自然拼读启蒙课：至关重要的早期阅读训练系统	9787515351933	49.80
幼儿园30个大主题活动精选：让工作更轻松的整合技巧	9787515339627	39.80
★ 美国幼儿教育活动大百科：儿童学习与发展指南用书 科学/艺术/健康与语言/社会	9787515324265等	600.00
蒙台梭利儿童教育手册：3~6岁儿童学习与发展指南（实践版）	9787515307664	33.00
★ 自由地学习：华德福的幼儿园教育	9787515328300	49.90
教育主张/教育视野		
为问题提出而教：支持学生从问题走向问题解决的学习模型	9787515372716	59.90
重新定义教育：为核心素养而教，为生存能力而学（中国教育新闻网2023年度"影响教师的100本书"）	9787515369945	59.90
重新定义学习：如何设计未来学校与引领未来学习	9787515367484	49.90
教育新思维：帮助孩子达成目标的实战教学法	9787515365848	49.00
用心学习：教育大师托尼·瓦格纳的学习之道（中国教育新闻网2023年度"影响教师的100本书"）	9787515366685	59.90

书名	书号	定价
为什么学生不喜欢上学？：认知心理学家解开大脑学习的运作结构，如何更有效地学习与思考（中国教育新闻网2023年度"影响教师的100本书"）	9787515367088	59.90
★ 教学是如何发生的：关于教学与教师效能的开创性研究及其实践意义	9787515370323	59.90
★ 学习是如何发生的：教育心理学中的开创性研究及其实践意义	9787515366531	59.90
父母不应该错过的犹太人育儿法	9787515365688	59.00
如何在线教学：教师在智能教育新形态下的生存与发展	9787515365855	49.00
正向养育：黑幼龙的慢养哲学	9787515365671	39.90
颠覆教育的人：蒙台梭利传	9787515365572	59.90
如何科学地帮助孩子学习：每个父母都应知道的77项教育知识	9787515368092	59.00
学习的科学：每位教师都应知道的99项教育研究成果（升级版）	9787515368078	59.90
学习的科学：每位教师都应知道的77项教育研究成果	9787515364094	59.00
真实性学习：如何设计体验式、情境式、主动式的学习课堂	9787515363769	49.00
哈佛前1%的秘密（俞敏洪、成甲、姚梅林、张楚玲推荐）	9787515363349	59.90
基于七个习惯的自我领导力教育设计：让学校育人更有道，让学生自育更有根	9787515362809	69.00
终身学习：让学生在未来拥有不可替代的决胜力	9787515360560	49.90
颠覆性思维：为什么我们的阅读方式很重要	9787515360393	39.90
如何教学生阅读与思考：每位教师都需要的阅读训练手册	9787515359472	39.00
成长型教师：如何持续提升教师成长力、影响力与教育力	9787515368689	48.00
教出阅读力	9787515352800	39.90
为学生赋能：当学生自己掌控学习时，会发生什么	9787515352848	33.00
★ 如何用设计思维创意教学：风靡全球的创造力培养方法	9787515352367	39.80
如何发现孩子：实践蒙台梭利解放天性的趣味游戏	9787515325750	32.00
如何学习：用更短的时间达到更佳效果和更好成绩	9787515349084	49.00
教师和家长共同培养卓越学生的10个策略	9787515331355	27.00
★ 如何阅读：一个已被证实的低投入高回报的学习方法	9787515346847	39.00
★ 芬兰教育全球第一的秘密（钻石版）（《中国教育报》等主流媒体专题推荐）	9787515359922	59.00
培养终身学习能力和习惯的芬兰教育：成就每一个学生，拥有适应未来的核心素养和必备技能	9787515370415	59.00
★ 杰出青少年的7个习惯（精英版）	9787515342672	39.00
杰出青少年的7个习惯（成长版）	9787515335155	29.00
★ 杰出青少年的6个决定（领袖版）（全国优秀出版物奖）	9787515342658	49.90
★ 7个习惯教出优秀学生（第2版）（全球畅销书《高效能人士的七个习惯》教师版）	9787515342573	39.90
学习的科学：如何学习得更好更快（中国教育新闻网2016年度"影响教师的100本书"）	9787515341767	39.80
杰出青少年构建内心世界的5个坐标（中国青少年成长公开课）	9787515314952	59.00
★ 跳出教育的盒子（第2版）（美国中小学教学经典畅销书）	9787515344676	35.00
夏烈教授给高中生的19场讲座	9787515318813	29.90
★ 学习之道：美国公认经典学习书	9787515342641	39.00
★ 翻转学习：如何更好地实践翻转课堂与慕课教学（中国教育新闻网2015年度"影响教师的100本书"）	9787515334837	32.00
★ 翻转课堂与慕课教学：一场正在到来的教育变革	9787515328232	26.00
翻转课堂与混合式教学：互联网+时代，教育变革的最佳解决方案	9787515349022	29.80
翻转课堂与深度学习：人工智能时代，以学生为中心的智慧教学	9787515351582	29.80
★ 奇迹学校：震撼美国教育界的教学传奇（中国教育新闻网2015年度"影响教师的100本书"）	9787515327044	36.00
★ 学校是一段旅程：华德福教师1~8年级教学手记	9787515327945	49.00
★ 高效能人士的七个习惯（30周年纪念版）（全球畅销书）	9787515360430	79.00

您可以通过如下途径购买：

1. 书　　店：各地新华书店、教育书店。
2. 网上书店：当当网（www.dangdang.com）、天猫（zqwts.tmall.com）、京东网（www.jd.com）。
3. 团　　购：各地教育部门、学校、教师培训机构、图书馆团购，可享受特别优惠。
　 购书热线：010-65511272 / 65516873